道徳授業でそのまま使える!

日本の偉人伝3分話

中嶋 郁雄

学陽書房

はじめに

二〇一八年度から実施される「特別の教科　道徳（道徳科）」は、学校の教育活動全般を通じて行われる道徳教育の要として、次のことを目標として進められることになりました。

よりよく生きるための基盤となる道徳性を養うため、道徳的諸価値についての理解を基に、自己を見つめ、物事を多面的・多角的に考え、自己の生き方についての考えを深める学習を通して、道徳的な判断力、心情、実践意欲と態度を育てる。

【小学校指導要領】

「よりよく生きる」とは、いったいどういうことを言うのでしょう。人によってその価値観は異なるでしょうが、自分の生き方に誇りをもち、堂々と胸を張って日々の生活に満足感と充実感を得ながら過ごすことではないでしょうか。

「偉人」と言われる人々は、それぞれの時代を精一杯生きました。世間の人々から「変わり者」と後ろ指を指された人もいました。ある時は、絶対絶命の窮地に立たされました。しかし、いつも自分の信念に従って、努力によって困難を克服し、偉大な足跡を世の中に残しました。おそらく、彼、彼女らは、自分の生き方に誇りをもち、充実感を味わいながら過ごしていたに違いありません。

教育基本法第一条は、教育の目的を「人格の完成を目指す」と定めています。国語や社会、算数や理科といった教科を学ぶ目的は、一流大学や一流企業に入るためではありません。自分の夢を実現するために努力することに楽しみを見い出し、社会や人の役に立つことに喜びを感じて、充実した毎日を送るために必要な力の基礎を身につけるのが学校教育なのです。学校が、「充実した生き方をするために必要な力の基礎を学ぶ場」であることが忘れ去られた結果が、何をするにも無気力な子や、人を死に追いやるまでいじめを続ける子を増やしてしまったとも言えます。

「人は人によって人になる」というカントの言葉にもあるように、子どもは、大人をモデルにして成長していきます。偉人たちの生き方を伝えることは、どのように生きるべきか、何を大切にして生きるべきかといったことを、子どもにイメージさせることになります。そして何よりも、「こんな人になりたい」「こんな生き方をしてみたい」という、憧れや目標をもたせることになります。偉人と呼ばれるようになった人々も、最初からすごい人間だったわけではありません。少年少女時代に出会った偉人の伝記や、尊敬する人物に影響を受け、目の前の苦難や障害を乗り越えて力強く生きたのです。先人たちを目標にして夢や希望を抱き、未来を切り開いていったのです。

元来、「未来」への夢や希望を抱いて日々の生活を送ることが、子どもたちの生きる力の源であるはずです。価値観の変化かつ多様化によって、目標となる未来像を描きづらくなっている今の時代だからこそ、子どもたちには、手本となる生き方や考え方を教えることが必要です。道徳教育の要として、道徳が教科となった今こそ、偉人の生き方を通して自己を見つめ、物事を多面的・多角的に考え、自己の生き方についての考えを深めさせる時です。

本書を活用していただくことによって、目の前の子どもたちが、「よりよく生きたい」と思える道徳の授業づくりのお役に立つことができれば光栄です。

二〇一八年春

中嶋郁雄

もくじ

第2章 思いやりや感謝の気持ちで人と関わるために
――相手の立場になって考えよう

第3章 努力し挑戦する自己と向き合うために
――強い生き方を目指そう

第4章　より広く人や社会と関わるために——みんなの幸せを考えよう

第5章 いのちや自然、崇高なものと関わるために
――「生かされている」と謙虚になろう

第1章

自己を見つめ成長していくために

――人生を切り開く力を育てよう

目標に向かって、やるべきことを着実にやり抜くことが、夢や理想を実現するための唯一の方法です。自主・自律の大切さや誠実な生き方を、偉人から学びましょう。

織《お》田《だ》信《のぶ》長《なが》

「仕事は探してやるものだ。自分がつくり出すものだ。」

――古いしきたりにとらわれない改革者

一五三四年六月二三日～一五八二年六月二一日

戦国武将の中で、もっとも有名なのが織田信長と言っても過言ではないでしょう。他の人が考えつかない新しい方法で、戦国の世の中を平定していった信長。現代もその生き方に憧れる人が多い信長の人生は、どのようなものだったのでしょうか。

織田信長が活躍したのは、今から五百年ほど前、各地の大名が争っていた戦国時代でした。尾張《おわり》（愛知県）織田家の三男として生まれた信長は、侍の正式な服を着るのが大嫌いで、胸をはだけて、腰に瓢箪《ひょうたん》や草鞋《わらじ》などをぶら下げた変な格好で歩き回り、人々から「大うつけ（大ばか者）」と言われていました。

父親の葬式にさえおかしな格好で現れて、位牌にお香を投げつけるような、古い伝統や風習にとらわれない、激しい性格の青年でした。一握りの強い武将の力よりも、足軽や雑兵の集団の力を重視し、刀より有利な長槍《ながやり》や、弓矢より威力のある鉄砲を使った戦い方を研究するなど、日本の戦いを変えたのも、従来の考え方にとらわれない信長だからこそできたことでした。

信長は、自由に商売ができるようにして（楽市楽座《らくいちらくざ》）、自分の国に人を集め、国を豊かにしていきました。また、いち早くキリスト教を取り入れて、西洋の新しい品々や情報を手に入れました。そして、その頃、最強と言われた武田《たけだ》軍の騎馬隊《きばたい》を鉄砲隊で撃ち破る（長篠《ながしの》の戦い）ほど強い軍隊をつくりました。

他の人が考えつかないことを実現させて力を増していった信長ですが、激しい性格の人でした。信長の性格をあらわした有名な俳句があります。

「鳴かぬなら　殺してしまえ　ホトトギス」

自分で考えて良い働きをする家来は、身分に関係なく取り立てました。しかし、反対に役に立たず実力がない家来には、容赦ありませんでした。また、自分に逆らった比叡山延暦寺《ひえいざんえんりゃくじ》という権威あるお寺を焼いてしまうなど、必要であれば神も仏も敵にまわすという行いもしました。

百年以上も続いた争いを終わらせるためには、信長が行ったような武力で国をまとめていく（天下布武《てんかふぶ》）という思い切った方法しかなかったのです。古いしきたりや伝統にとらわれない信長の新しい考え方と思い切った方法が、戦国の世の中を終わらせるためには必要だったのです。

豊かな国と強い軍隊で、全国をまとめていった信長ですが、天下統一まであと一歩というところで、家来の明智光秀《あけちみつひで》に裏切られてしまいます（本能寺の変）。一五八二年、信長は京都の本能寺で自ら命を絶ちました。

「人間の一生など、永遠に続く時間の中では一瞬のできごとにすぎない。人はこの世に生まれれば、誰でも必ず死ぬ運命にある」

大好きだった幸若舞《こうわかまい》の一節のように、見事に散った四十九年の生涯でした。

道徳授業に生かす ポイント

他の人が、「昔からのならわし・いつものこと」と、理由も考えずにやってきたことを、織田信長は自分の頭で考えていきました。だからこそ、強敵がひしめく戦国の日本を統一することができたのでしょう。

「仕事は自分で探し、自分でつくるもの」という言葉に代表される信長の考え方を子どもに学ばせることは、物事をしっかり自分で考えることの大切さを子どもに説くことです。

「いつものことだから」「それが当たり前だから」と、自分の頭で考えないで、前例に従って行動することがあります。子どもに自主性や判断力を身につけさせるためには、目的や理由をしっかり考えさせるようにしなくてはなりません。「何のためにするのか?」「本当に必要なことなのか?」ということを、常に問いかけることが大切なのだと教える必要があります。

考えよう

多くの人が、信長の生き方に憧れるのは、なぜだろう?

生かそう

自分の生活を見直して、本当に必要なことや大切なことを考えてみよう!

徳《とく》川《がわ》家《いえ》康《やす》

一五四三年一月三一日～一六一六年六月一日

「人の一生は重き荷を負うて遠き道を行くがごとし。」

——平和な世の中の基礎を築いた苦労人

家康が生まれた頃、日本は「戦国時代」という全国の大名が戦っていた時代でした。家康は松平家という小さな大名の家に生まれ、幼い頃の名を竹千代と言いました。家康は幼い頃、小さな大名だった松平家を守るため、父や母と別れ、今川家や織田家に人質に出されました。人質として今川家にいる間、家康も松平家の家来たちもたいへんな苦労をしました。

家康が十九歳の時、今川義元《いまがわよしもと》が織田信長に破れました（桶狭間《おけはざま》の戦い）。それまで今川家の人質だった家康は、松平家の城がある岡崎《おかざき》（愛知県岡崎市）に帰ることができました。長年の念願がかなって、松平家は三河国《みかわのくに》（愛知県東部）の独立を果たしたのです。その後、織田信長と同盟を組み、今川家を滅ぼした家康は、遠江国《とおとうみのくに》（静岡県西部）を領地に加え、大きな大名になりました。名前を「家康」

と改めたのもこの頃のことです。次に家康が戦ったのは甲斐国《かいのくに》（山梨県）の武田信玄《たけだしんげん》でした。この時、家康は信玄に大敗し、命からがら逃げのびました（三方ヶ原《みかたがはら》の戦い）。その信玄も、病死してしまいました。

信長は家康とともに武田氏を倒し（長篠《ながしの》の戦い）、天下統一をほぼ成し遂げようとしていました。しかし、一五八二年、京都で家来の明智光秀《あけちみつひで》に裏切られて殺されてしまいました（本能寺の変）。その後、信長の跡を継いだのは家来の羽柴秀吉（のちの豊臣秀吉）でした。最初、家康は秀吉と戦いましたが、戦いで民衆が苦しむのはいけないと考え、戦いをやめて秀吉の家来になる道を選びました。

平和で戦のない世の中にするために、家康は秀吉と力を合わせていきました。家康は秀吉の命令で江戸（東京都）を治めることになりました。その頃の江戸は、草原ばかりの寂しい田舎でした。家康は人々が豊かに暮らせるような町づくりを行い、のちに世界でもっとも栄えた都市になる基礎をつくったのです。

ようやく日本に平和が訪れようとしていた矢先、秀吉はこの世を去ってしまいました。秀吉は、国を治める組織をつくらないまま死んでしまったため、秀吉が死ぬと、人々は家康のもとに集まり始めました。

しかし、それを良く思わない者がいました。秀吉の家来の石田三成《いしだみつなり》です。そして、とうとう三成と家康は戦うことになりました。一六〇〇年、全国の大名が東軍（家康）と西軍（三成）に分かれて戦いました（関ヶ原の戦い）。

この戦いに勝った家康は、一六〇三年に征夷大将軍《せいいたいしょうぐん》となって江戸に幕府を開き、天下を統一したのです。家康は、秀吉の失敗を学んで、自分が死んだ後も平和が続くような組織づくりを行いました。家康がつくった幕府の下で、日本には三百年近く戦争のない平和な時代がおとずれました。平和な時代の幕開けを見届けるように、家康は一六一六年、七十五歳の生涯を閉じました。

道徳授業に生かすポイント

世界に類を見ないほど長い平和な時代の礎を築いた徳川家康。家康は、次々と目の前に立ちふさがる数々の困難に立ち向かい、その経験を生かして、ついに天下統一を果たします。

今どきの子どもたちは、平和で苦労の少ない世の中に生まれ、物質的に恵まれた生活をして過ごしています。そのせいもあってか、粘り強く何かに取り組んだり、失敗してもあきらめないでがんばり通したりする力に欠ける子が増えています。

家康ほど、戦乱の世に生まれたことで幼い頃から苦労を強いられた人はいないでしょう。しかし、幼い頃からの苦労が、後の家康の人生をどれほど豊かにしたことでしょう。子どもたちには、苦労や努力の大切さを、家康の人生を通して伝えることができます。

だからこそ、自分の思いのままにならない世の中で、苦労して努力し続けた家康の生き方から、自分と向き合い、あきらめないことの大切さを学ばせる必要があります。

考えよう

家康は、失敗や苦労から何を学んだのだろうか?

生かそう

苦しいことやつらいことがあったら、どうすればいいのかな?

伊《い》能《のう》忠《ただ》敬《たか》

「人生ふた山」——五十歳から全国を歩いた測量士

一七四五年二月一一日～一八一八年五月一七日

教科書でよく目にする日本地図。みなさんの中に、自分たちが住んでいる日本がどのような形をしているか知らない人はいないでしょう。私たちが知っているような正確な日本地図ができたのは、今からおよそ二百年ほど前、伊能忠敬という人によってつくられたものです。

忠敬は、一七四五年（今からおよそ二七〇年くらい前）、現在の千葉県で生まれました。十八歳の時に造り酒屋だった伊能家の養子になり、造り酒屋の仕事に励みました。忠敬は、商人としてとても才能のある人で、落ちぶれていた伊能家を立て直して多くの財産を築きました。また、人々からの人望もあり、村の重要な役職にもつきました。

伊能家を発展させた忠敬でしたが、五十歳になると家の仕事を子どもに譲り、引退しました。ここで普通の人ならゆっくりと老後を楽しむところなのでしょうが、忠敬は違いました。

忠敬は、江戸に行って、天文学（宇宙や星を研究する学問）を学び始めました。

「正確な子午線一度の長さを確かめてみたい」

忠敬は、先生のもとで天文学を学ぶうちに、そんなことを考えるようになりました。そのため忠敬は、天文学に加えて測量術も勉強しました。

子午線一度の長さを測るためには、遠く離れた場所の距離を正確に測って計算しなくてはなりません。忠敬は、子午線の長さを確かめるために、江戸（東京都）から蝦夷地（北海道）まで、六か月かけて測量しました。もちろん、その頃は自動車などはありません。五十五歳になった忠敬は、東京から北海道までの距離を歩きながら測っていったのです。

この時の測量で、忠敬は子午線一度の長さを一一〇・八五キロメートルと確かめました。現在の測量が一一一キロメートルですから、忠敬の測量は、驚くべき正確さであったといえます。

この測量の旅を続けるうちに、忠敬に次の目標ができました。

「日本の正確な姿を、地図に残したい」

忠敬は、地図をつくるために何度も旅に出かけるようになりました。

地図づくりの旅を続けて、日本全国の測量を成し遂げた時、忠敬は七十二歳になっていました。忠敬が測量を始めてから十七年が経っていました。

忠敬は、全国を測量して回った資料をもとにして、日本全図の作成に取りかかりました。

しかし、地図が完成する前に、七十四歳で亡くなってしまいました。

地図づくりは忠敬の弟子に引き継がれ、忠敬が亡くなってから三年後に完成しました。忠敬のつくった日本地図（大日本《だいにっぽん》沿海《えんかい》輿地《よち》全図《ぜんず》）は、たいへん正確で、測量技術の進んでいたヨーロッパでも、人々を驚かせました。

道徳授業に生かす ポイント

何もやらないうちから、「できるわけがない」とあきらめ、言い訳をつくって、「今からでは遅い」と最初からやらない子がいます。年齢に関係なく、自分がやろうと決めたことに対して、行動を起こす力を、育てたいものです。

「人生ふた山（人の一生でやれることは、一つではない）」

忠敬が日本地図づくりを始めたのは、五十歳を過ぎてからのことです。年をとっても、どんな状況にあっても、やる気さえあれば、大きなことが成し遂げられることを、忠敬は証明してくれたのです。

「やらねばならない」「やりたい」と思い立った時、見通しを立てて目標に向かって行動することが大切なのだと、伊能忠敬の生き方から学ばせることができるはずです。

考えよう

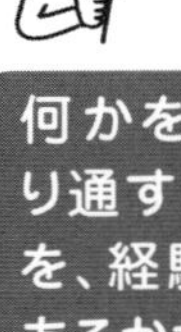

五十歳を過ぎて勉強し直した忠敬の力の源は、何だったのだろう?

生かそう

何かを最後までやり通すことの難しさを、経験したことがあるかな?

津《つ》田《だ》梅《うめ》子《こ》

「何かを始めることは優しいが、
それを継続することは難しい。」

――日本の女子教育に一生を捧げた教育者

一八六四年一二月三一日～一九二九年八月一六日

津田梅子は、一八六四年（明治元年）、西洋にとても興味をもっていた父親の次女として生まれました。梅子が六歳の時、父親は、日本ではじめてのアメリカ女子留学に梅子を参加させることにしました。梅子は、英語をほとんど話すことはできませんでしたが、欧米の進んだ教育を学ばせるためには、幼い時のほうがいいと考えたのです。

アメリカに留学した梅子は、ワシントンに住むランマン夫妻の家で十一年間過ごしました。その間、梅子は英語やフランス語などを勉強し、学問の素晴らしさを学びました。梅子は、一緒に留学した少女たちと、

「日本に帰ったら、自分たちの学校をつくろう」

という夢を語り合いました。

十八歳になった梅子は、アメリカで学んできたことを日本のために役立てようと希望に胸をふくらませて日本に帰ってきました。しかし、帰国してまもなく、梅子はとても気落ちしてしまいました。梅子と同じように外国に留学して帰国しても、男性は、留学の経験を生かすことのできる仕事に就くことができたのに、女性の梅子には、働く場所があたえられなかったのです。

当時の日本は、アメリカと違って、女性の才能を生かす仕事がまったくありませんでした。それだけではなく、「日本の女性は、男性から一人前に扱われることを期待せず、向上しようとも思っていない」と梅子は感じたのでした。

「女性は、男性の召使いであってはいけない」

梅子は、社会だけではなく、女性の考え方を変えなくてはならないと考えるようになりました。

「女性の地位を高め、考え方を変えていくには、教育が大切だ」

梅子がそう考えていた頃、日本ではじめての女学校がつくられました。

「これからの時代は、女性も男性と同じように勉強ができるのです。しっかりがんばりましょう」

教師となって、アメリカで学んだことを役立てることができると喜んだ梅子でしたが、当時の女学校は、身分の高い家のお嬢様ばかりが通う学校で、真剣に学ぼうという生徒はほとんどいませんでした。梅子の考えていた理想の女性とは、女性の権利ばかりを主張するのではなく、女性が自らを高め、家庭では夫から尊敬され、社会から必要とされる女性でした。

「女性のためになる本当の教育をするために、もう一度勉強しよう」

梅子は、再びアメリカに留学することにしました。梅子はアメリカの大学で生物学を学びながら、日本の女子教育に一生を捧げる決心をしました。

その後、日本に帰国した梅子は、日本で最初の女性のための学校である「女子英学塾」をつくりました。「女子英学塾」は「津田塾大学」となって、現在も梅子の志は受け継がれています。

道徳授業に生かすポイント

梅子は、苦労の末、少女時代にアメリカで仲間と語り合った「自分たちの学校をつくる」「女性のための本当の学校をつくる」という夢を果たしました。子どもの頃の夢を追い続けることが、自分の人生を充実させることを、梅子の生涯を通して子どもに伝えることができます。

「何かを始めることは優しいが、それを継続することは難しい」

梅子のこの言葉も、子どもにはぜひとも考えさせたい至言です。三日坊主という言葉通り、特に子どもの頃は、最初のうちは勢いがあるのですが、地道に継続することは苦手です。何事も思いつきで成功するものではありません。困難に負けず、計画性をもって、努力を積み重ねることが、目標を達成する道なのだと、梅子の生き方から子どもたちに学ばせることができます。

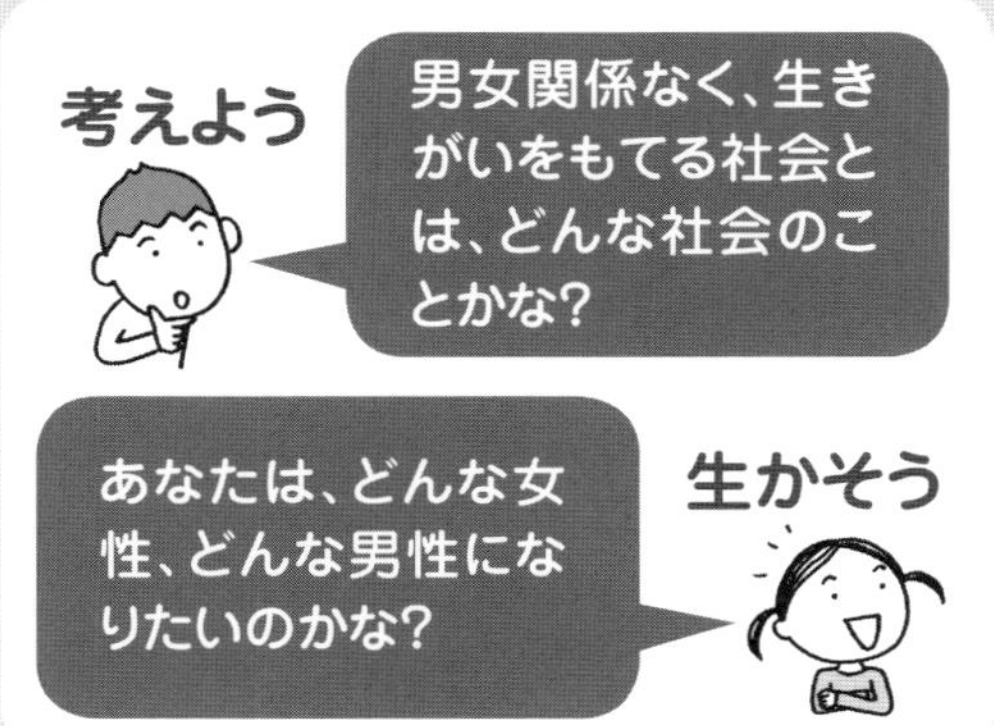
考えよう
男女関係なく、生きがいをもてる社会とは、どんな社会のことかな?
生かそう
あなたは、どんな女性、どんな男性になりたいのかな?

夏《なつ》目《め》漱《そう》石《せき》

「乗り切るも、倒れるのも、ことごとく自力のもたらす結果である。」

——近代日本文学をつくり出した苦労人

一八六七年二月九日〜一九一六年一二月九日

江戸幕府が終わり、明治維新が始まった一八六七年、夏目漱石は、江戸の牛込区（現在の東京都新宿区）で生まれました。「漱石」というのはペンネームで、本名は金之助と言います。

江戸時代、夏目家は名主（現在の町長）を務めた立派な家でした。しかし、江戸幕府が倒れて、夏目家は貧乏になっていったので、漱石の誕生は、両親にあまり喜ばれませんでした。夏目家は、どんどん貧しくなっていき、漱石は二歳の時、養子に出されてしまいました。養子に出された家では、裕福に暮らしていましたが、五歳の時、育ててくれた両親が離婚することになり、育ての母親の家で暮らしたり、再び育ての父親の家に引き取られたりと、漱石は決して幸せとはいえない幼年時代を過ごしました。

小学校に入学した漱石は、

「賢い人間になれば、捨てられることがない」

と思い、一生懸命勉強して、優秀な成績を修める子に成長していきました。

ところが、漱石が九歳の時、本当の父母のいる夏目家に戻されることになりました。漱石は、自分が夏目家の実の子であることを知らなかったので、

「僕は、まるで厄介者だ。どうにでもなれ」

と、自分の運命を受け入れる考えをもつようになりました。夏目家で暮らすようになった漱石は、そこが本当の家だと知らずに、父母のことを「おじいさん・おばあさん」と呼んでいました。

漱石が、「おじいさん・おばあさん」が本当の両親だと知ったのは、当時、夏目家で働いていた「ばあや」からでした。

「ぼっちゃん。あなたが『おじいさん・おばあさん』と呼んでいる方は、あなたの本当のお父さん・お母さんなのですよ」

「自分のために泣いてくれる人がいる」

事情を知るばあやが漱石を不憫に思い、そっと教えてくれたのでした。自分のことを心から心配してくれるばあやの姿に、漱石は胸をうたれました。そして、本当の両親が身近にいるというだけで、漱石の心は安定していきました。後に漱石は、小説の中でこう書いています。

「自分を心配してくれる母親がそばにいなければ、人間の優しさや思いやりを描いた小説を書くことはできなかっただろう」

漱石は、大学に進んで文学を勉強して、小説家になりたいと思いました。
「文学なんて、とんでもない」
父親や兄の猛反対にあった漱石ですが、東京帝国大学文学部に入学しました。
その後、英語の教師をしながら、『吾輩は猫である』『坊ちゃん』などの有名な小説を書いていきました。四十歳で教師を辞めた後も、『三四郎』『門』といった名作をどんどん世に出していきました。

道徳授業に生かすポイント

漱石は、決して幸せとはいえない複雑な環境で幼少期をおくりました。「自分は、どんな存在なのだろう」と、愛されているという実感をもつことができなくて、投げやりで不安定な気持ちのまま成長していきます。

しかし、漱石の気持ちを救ったのは、漱石を心配し愛してくれた「ばあや」と、本当の母親だと口に出さずに見守ってくれた「おばあさん」でした。周りの人々の愛情を感じ取ることのできる力が、漱石の人を観察する鋭い感覚を養い、その後の日本文学に大きな影響をあたえた数々の名作を生み出したのです。

子どもたちには、人の思いやりに気付く力を高め、感謝して日々を過ごす心を養っていきたいものです。

考えよう

ばあやから事実を聞いた時、漱石はどんな気持ちだったのでしょうか?

生かそう

毎日、どんな気持ちで生活すれば、明るく楽しく過ごせるのでしょうか?

樋《ひ》口《ぐち》一《いち》葉《よう》

「登っていく道はたとえ違っても、最後にたどりつくところは、自分も人も同じだろう。」

――幸せとは何かを問い続けた女性職業作家

一八七二年五月二日～一八九六年一一月二三日

樋口一葉は、新しい明治の世が始まって間もない一八七二年、現在の東京都千代田区に生まれました。本名を樋口奈津といいます。一葉が生まれた頃の日本は、蒸気機関車やガス灯など、西洋からどんどん新しい文化が入ってきていました。そして、目まぐるしく変わる世の中の動きを伝えるために、毎日新聞や読売新聞など、何種類もの新聞が発行されるようになりました。

一葉は、父親や兄、姉などの影響で、幼い頃から新聞に親しむようになりました。一葉の父親は、たくさんの本を買ってきてくれました。一葉は、新聞の他にも、『さるかに合戦』や『かぐや姫』などの昔話や、当時流行していた物語を夢中で読むようになっていきました。

一葉は、勉強が大好きで成績も優秀でした。しかし、当時は、女性が勉強するなど、もっての他という世の中です。小学校をトップの成績で卒業した一葉でしたが、母親の反対によって進学することはできませんでした。

進学をあきらめた一葉でしたが、勉強をあきらめたわけではありませんでした。家事を終えた後、本を読んだり和歌をつくったりして過ごすようになりました。そんな一葉を見て、父親は、「萩の舎」という和歌を勉強する塾に通わせてくれました。一葉は、萩の舎で勉強に邁進しました。

ところが、仕事がうまくいかなくなったこともあり、父親が急に亡くなってしまいました。兄弟たちは樋口家を出ていたので、一葉が一家を支えていかなくてはなりません。萩の舎の先生のお陰で、一葉は萩の舎に住み込んで、働きながら勉強を続けることができました。着物の仕立てや洗い物などをしてお金を稼いでいた一葉ですが、

「小説を書いて、原稿料でお母さんたちを楽にさせてあげたい」

と考えて、短い小説を書いて、当時有名だった作家に見てもらうことにしました。一葉は挫けずに作家への道に挑戦しました。一葉の作品は徐々に認められていき、雑誌に掲載されるようになっていきました。生活を支えるために、次々と作品を発表していきました。名作『たけくらべ』が生まれたのは、この頃のことです。ところが、無理がたたったのか、一葉は当時「死の病」と恐れられていた肺結核にかかってしまいました。

「やっと原稿依頼がくるようになった。この機会を逃してなるものですか」

一葉は、重い病気をおして小説を書き続けました。『たけくらべ』が世間で大評判になり、輝く作家生活がこれから始まるという時になって、一葉は二十四歳という若さでこの世を去ってしまいます。

目まぐるしく移り変わる明治の世を駆け抜けた短い一生でした。

一葉の、弱い立場の人々の喜びや悲しみを描いた作品は、「人間にとって本当の幸せとは何か？」「人はどう生きるべきなのか？」を私たちに問い続けています。

道徳授業に生かすポイント

口から発する言葉をそのまま文章に表す「言文一致」で書き表そうとした一葉の作品が、次々と大ヒットになったことは、その後の日本文学に、大きな影響をあたえたことは間違いありません。

一葉は、家族の生活を守るために、物語を書くことを仕事に決めました。作家の仕事は、誰もができるというものではなく、場合によっては、まったくお金が入らない危険もある仕事です。しかし、幼い頃から積み重ねてきた文章力と、何よりも「頼まれた仕事は、絶対に逃さない」という気迫と努力とで、樋口一葉は、売れっ子の作家になっていきました。

一葉が作家として活躍した期間は、わずか一年と少しという短い期間でしたが、小説を書くことに全力を尽くした結果とも言えます。一葉の、一家の生活を支える重責を果たし、依頼された仕事を全うするという誠実な姿勢こそを、子どもたちに伝えていかなくてはなりません。

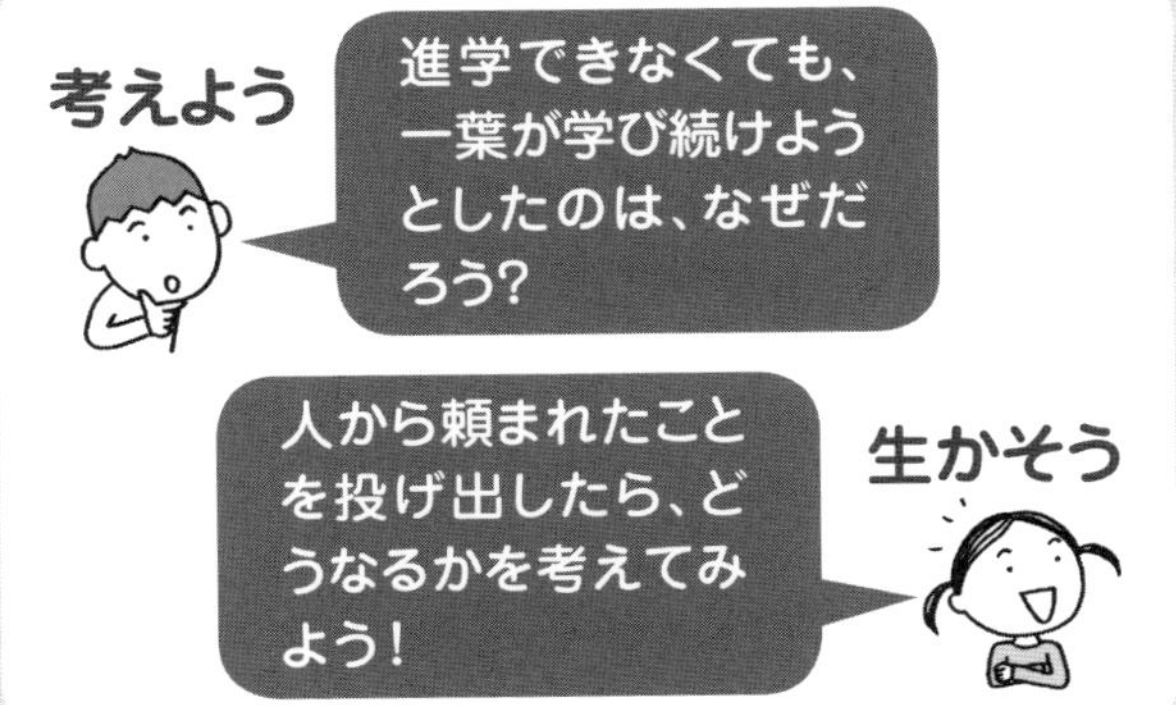
考えよう
進学できなくても、一葉が学び続けようとしたのは、なぜだろう?
生かそう
人から頼まれたことを投げ出したら、どうなるかを考えてみよう!

白洲《しらす》次郎《じろう》

「人に好かれようと思って仕事をするな。」
――自分の信念を貫いた硬派の紳士

一九〇二年二月一七日～一九八五年一一月二八日

白洲次郎は、一九〇二年（明治三五年）に兵庫県で生まれました。少年時代の次郎は、とても腕白で、学校でよく暴力をふるいました。また、中学生の頃から、お金持ちだった父親に買ってもらった自動車を乗り回すような少年でした。父親は、中学校を卒業した次郎を、イギリスに留学させました。イギリスに留学した次郎は、猛勉強を重ねて、二年後にはもっとも優秀な学生になりました。また、九年間の留学中に、勉強だけではなく、慎み深さや正義感、責任感といった、イギリスの「紳士」の精神を身につけて日本に帰国しました。

父親の会社が倒産したのをきっかけに、二十六歳で帰国した次郎は、英字新聞の記者や貿易会社など、英語力を生かした仕事で活躍しました。日本が戦争への道を進み始めた頃、次郎は、当時の総理大臣の相談役になったり、後に総理大臣になる吉田茂などと親しく付き合ったりするようになりました。

一九四五年、日本は戦争に負けて、アメリカを中心とした連合軍に占領されました。次郎は、戦後の日本を立て直すため、占領軍との交渉役として活躍しました。日本の将来を決定する重要な役割が、次郎の肩にかかっていました。こんな逸話があります。

ある時、次郎は、天皇の贈り物を占領軍の最高司令官マッカーサーに届けに行きました。マッカーサーは、それを適当な所に置けと命じました。

「日本の統治者であった人物からの贈り物を、その辺に置けとは何事か」

次郎は、泣く子も黙るマッカーサーに、そう怒鳴りつけました。マッカーサーは、次郎の態度に驚いて、新しいテーブルを用意させました。

一九五一年、とうとう日本の独立を世界が認めるための会議（サンフランシスコ講話会議）が開かれることになりました。総理大臣の吉田茂は、会議で発表する文章を見てほしいと、次郎に頼みました。

「独立国である日本の代表が、英語で会議に出るのはおかしい」

次郎は、英語で書かれた文章を、すべて日本語に書き換えました。

このように、次郎のような正しいと信じることを貫き通すことのできる人物でなければ、戦争に負けた日本が、アメリカや連合国を相手に、有利に話し合いを進めることはできなかったでしょう。

その後、次郎はさまざまな会社で役員をしながら、大好きな自動車とゴルフを楽しみました。戦争に負けた日本を立て直し、平和な国に生まれ変わらせるために活躍した白洲次郎は、一九八五年にこの世を去りました。風のように駆け抜けた八十三年間でした。

道徳授業に生かすポイント

立場の弱い人には強い態度で臨むけれど、強い人にはへりくだるような人間を、誰でも軽蔑します。ところが、現実は、軽蔑すべき態度をとる子がほとんどといって過言ではありません。強い者にへりくだることが、いかに姑息で、弱い者を虐げることが、いかに卑劣なことかを、子どもには教え続けなくてはなりません。

次郎には、胸がすくような逸話がたくさんあります。運転手に靴紐を結ばせてふんぞり返っている国会議員を怒鳴ったり、理事長を務めていたゴルフ場に突然やってきた総理大臣を「きまりだから」と断ったり……。次郎は、人の道や自分の信念に外れるようなことは、絶対に許しませんでした。相手がどんなに社会的に偉い人であっても、堂々と自分の考えを伝えました。その次郎の姿を通して、理想の人物に近づこうとする気持ちを育てていきたいものです。

白洲次郎の生き方を紹介することで、「自分の信じることを貫き通す強さを身につけることを目指し、弱い人に優しくする心の余裕をもとうと心がける」という気持ちを子どもたちに抱かせることができるはずです。

考えよう

マッカーサーは、次郎に怒鳴られても、なぜ怒らなかったのかな?

生かそう

今、自分がやらなくてはならないことは、何だろうか?

湯《ゆ》川《かわ》秀《ひで》樹《き》

「一日生きることは、一歩進むことでありたい。」

――人々に希望と自信をあたえたノーベル賞学者

一九〇七年一月二三日～一九八一年九月八日

湯川秀樹は、一九〇七年（明治四〇年）、東京で生まれました。地理学者だった父が、京都帝国大学（現在の京都大学）の教授になったため、翌年には京都に移り住み、京都で育ちました。

父親は秀樹に、勉強をしなさいと言ったことはありませんでした。

「成績のために勉強する必要はない。自分が好きなことをしっかり学べ」

と、秀樹にいつも言い聞かせていました。秀樹は、自分から進んで読書をしたり、好きな勉強をしたりする子になっていきました。

ある日、

「物は、どこまで小さくすることができるか」

ということをめぐって、兄と言い合いになりました。兄は、
「すべての物は、分子が集まってできている。分子よりも小さく分けることはできない」
と秀樹に教えました。しかし、兄の説明に納得できなかった秀樹は、
「分子よりも、もっと小さく分けることができるはずだ」
と言い張って譲りませんでした。この言い合いの後、分子よりもっと小さい「原子」と「電子」が発見されました。このように、秀樹の、物事を自分の頭で考える姿勢は、幼い頃から身についていたのです。

京都大学に進んだ秀樹は、海外の最新の研究を学びながら、
「日本人だってノーベル賞（世界でもっとも有名な賞）をとることができる」
という夢をもって毎日がんばりました。

そして、二十八歳の時、「中間子」という物質があるという考えを発表しました。秀樹の考えは、あまりにも大胆だったため、相手にされませんでした。

ところが、その後、秀樹の考えが正しいということが証明されたのです。世界中の学者たちは、秀樹の研究に拍手を送りました。

そして、一九四九年、秀樹は日本人としてはじめて世界でもっとも有名な賞であるノーベル賞を受賞しました。

「日本人の誇り、湯川秀樹博士、万歳！」

テレビや新聞は、この明るいニュースを流しました。

秀樹がノーベル賞を受賞した頃の日本は、戦争に負けて、人々が自信と希望を失っていました。秀樹のノーベル賞受賞は、秀樹自身だけではなく、日本の多くの人々に自信と希望をあたえるものだったのです。

その後、秀樹は、母校の京都大学で学生を指導して、優秀な学者を多く育てました。そして、一九八一年、多くの人々に惜しまれながら、この世を去りました。七十四年の人生でした。

道徳授業に生かすポイント

「何のために勉強するのか？　今やっていることは何の役に立つのか？」

最近の子どもたちを見ていると、こうしたことをじっくりと真剣に考える機会がほとんどないように感じられます。毎日忙しく時間に追われて、本来自分がもっている目標を見失っている子も多くいます。

しかし、夢や目的をしっかりもっていれば、つらく苦しいと思えるようなことさえも、自分を鍛える糧としてとらえることができるのだと、子どもに伝えていくことが大切です。

「一日生きることは、一歩進むことでありたい」

湯川秀樹の言葉は、子どもたちを勇気づける一言として紹介し、前向きに努力することの大切さを教えることができるはずです。

考えよう

湯川秀樹の父親は、なぜ、「勉強しなさい」と言わなかったのかな？

生かそう

勉強は、何のためにやっているのか、考えたことはあるかな？

Column 1

人生の指針としての偉人伝

私は伝記が大好きで、特に子どもの頃は、偉人と呼ばれる人たちの伝記をたくさん読みました。偉人の生き方は、私たちにさまざまなことを教えてくれるのですが、読む人によって学びどころは異なります。同じ人の同じ本を読んでも、小学生の頃に感動するところと、大人になって感じ入るところは異なります。

小学生の頃の私は、野口英世の伝記から「努力の大切さ」「貧乏や身体の不自由さに負けない強さ」を学んだように思います。宿題やクラブ活動が嫌でさぼりたくなった時、野口英世の「努力だ」という言葉が、私を正しい道に引き戻してくれました。教師になってからは、吉田松陰の生き方から、「知行合一」の大切さと難しさを学びました。子どもに指導することや望むことは、まず自分が実行することができなくては教師ではないと、何度も自分を叱咤しました。

後の世に名を残している人物は、「生き方」の成功者とも言えます。その成功者の生き方を学ぶことは、子どもたちの長い人生において有益なものになります。将来、困難なことに出会ったり、壁に突き当たったりした時、本の中の偉人たちが、道程を照らしてくれます。物事をどのようにとらえることが、幸せにつながっていくのか、偉人の言葉や生き方が道を指示してくれます。偉人の言葉や生き方には、人を動かす力があります。

子どもたちには、生き方のお手本が必要です。偉人の生き方は、これからの長い人生を歩んでいく子どもたちを幸せな人生に導いてくれる指針になるものと私は信じています。

第2章

思いやりや感謝の気持ちで人と関わるために

――相手の立場になって考えよう

人は一人では生きていくことができません。

周囲の人々に感謝の気持ちをもつことが、生きがいや幸福感を得ることにつながることを、偉人たちが教えてくれています。

豊臣秀吉《とよとみひでよし》

一五三七年三月一七日～一五九八年九月一八日

「負ける負けると思えば負け、勝つ勝つと思えば勝つものなり。」

――運と実力を味方につけた天下人

今から五百年ほど前、戦《いくさ》に明け暮れる戦国時代に秀吉は生まれました。幼い頃の名は日吉丸《ひよしまる》と言い、顔が猿そっくりな子でした。秀吉の家は、尾張国《おわりのくに》（愛知県）中村にある貧しい農家でした。しかし、秀吉は、いつも明るくて勇気がありました。そして、秀吉は大きな夢をもっていました。

「いつか天下をとって、乱れた世の中を救ってやる」

成長した秀吉は、織田信長と出会い、小者（雑用係）として仕えることになりました。信長に仕えた秀吉は、智恵と工夫で周りの人をうならせました。寒い冬の日に信長の草履を懐に入れて温めたり、城の燃料代を節約したりしました。また、大雨で崩れた城の石垣を、賞金を出して十組のチームに競わせて短い期間で修理してしまいました。秀吉は、その才能を認められて、とんとん拍子に出世していきました。

秀吉は、いつでも、他の人が無理だと思うようなことでも、

「私なら、必ず信長様が望む通りの結果を出すことができます」

と、大きな口をたたいて、それを実現していくことでスピード出世をしていきました。

主君の信長が桶狭間《おけはざま》の戦いで今川義元《いまがわよしもと》を討ち取り、西の美濃国《みののくに》（岐阜県）を攻めた時もそうでした。

「私なら、一夜で城を築いてみせましょう」

秀吉は、組み立てた柵や塀を筏《いかだ》にして流し、一カ所に集めて組み立てる、今で言うプレハブ工法で本当に一夜で城を築いてしまいました。

天下統一まであと一歩というところで、主君信長は、家来の明智光秀《あけちみつひで》の裏切りにより殺されてしまいました（本能寺の変）。四国を攻めていた秀吉は、短い時間で京都まで帰り、裏切り者の明智光秀を討ち取りました。

「信長の跡を継いで、天下をとるのは秀吉だろう」

いち早く信長の仇《かたき》をとったことで、秀吉が信長の跡継ぎの一番手と言われるようになりました。人々の予想通り、ライバルの柴田勝家《しばたかついえ》を破った後は、秀吉の下に全国の大名がどんどん集まっていきました。

最大のライバルだった徳川家康も家来に従えて、秀吉は大阪に城を築き、京都の朝廷から関白《かんぱく》という職をもらって、天下統一の仕事を進めていきました。

その後、秀吉は関白を甥に譲って、「太閤《たいこう》」と言われる人になりました。秀吉のことを「太閤様」

と呼ぶのは、こうした理由によるものです。

天下を統一した後に行った秀吉の政治は、多くの人々からは、人気がありませんでした。しかし、秀吉は、戦国時代を終わらせ、人々が安心して暮らせる世の中の基礎をつくった偉大な人です。「平和な世の中をつくる」という秀吉の志は、徳川家康の政治に引き継がれていったのです。

道徳授業に生かすポイント

どの子も夢や希望を抱いています。しかし、社会の中で自分が思うように活躍し、自分の夢を実現していくためには、周囲の支えが必要です。

豊臣秀吉は、貧乏な農民の家に生まれ、最後は日本の頂点にまで上り詰めました。それが、彼の才能の賜物であることは確かですが、織田信長や前田利家など、力のある武将の後ろ盾があってこその出世でした。

秀吉が戦の天才と言われたのは、周囲の人々を、自分の味方につける才能がずば抜けていたからです。人をひきつける才能が、秀吉の力の源でした。秀吉の人生から、「人間は支え合いによって生かされている」ことを学ばせることができます。

考えよう
秀吉が強くなったのは、戦い上手だけが理由だろうか?

生かそう
どんな行いが、人からの信頼を失うか、考えてみよう!

真田幸村《さなだゆきむら》

「恩義を忘れ、私欲を貪り、人と呼べるか。」

——忠義を貫いた悲劇のヒーロー

一五六七年二月二日（伝）～一六一五年六月三日

織田信長が大軍を率いて京都に上洛し、長く続いた戦国時代が終わりを告げようとしていた一五六七年、真田幸村は甲斐国（山梨県）に誕生しました。信長が京都に上洛したとはいえ、武田《たけだ》信《しん》玄《げん》や毛利元就《もうりもとなり》、上杉謙信《うえすぎけんしん》など、天下をねらう大名が東西にたくさんいる時代でした。全国各地の武士たちも、どの大名に仕えれば有利になるのか、絶えず世の中の動きに目を配っていました。

真田家は、武田信玄に仕えていたのですが、信玄が亡くなり武田家が滅亡した後、真田家が生き延びるためにどうするべきか悩んだ末に、織田信長に仕えることにしました。ところが、そのわずか二か月後、本能寺の変で織田信長が明智光秀《あけちみつひで》に殺されてしまいました。日本は再び混乱に陥り、戦がたくさん起きるかもしれませんでした。幸村の父昌幸《まさゆき》は、半年の間に、織田、北条、徳川と、仕える大名を変えていきました。幸村は、世間から「恥知らず」と言われても、真田家生き残りのために知恵を絞る父を尊敬していました。

その後、真田家は徳川家康と戦うことになり豊臣秀吉の家来になりました。この時、幸村は秀吉に気に入られて重く用いられるようになりました。しかし、秀吉が亡くなり、秀吉の家臣の石田三成と徳川家康との間で、争いが始まります。真田家がどちらにつくか迷った末、幸村は、父昌幸と共に、石田軍につきました。一六〇〇年、関ヶ原の戦いで石田三成が敗れると、幸村は父とともに九度山《くどやま》（高野山の入り口にある村）に追放されてしまいました。幸村にとって、世間から隔離されて生活せざるを得なかった十数年間は、屈辱的なものでした。

幸村が九度山に追放されている間に、家康は江戸幕府を開き、着々と日本を治める仕組みをつくり上げていきました。そんな家康にとって、豊臣秀吉の子、秀頼《ひでより》は邪魔な存在でした。形の上では家康は秀頼の家来だったからです。家康が秀頼を大坂城から追い出そうとすると、全国各地から関ヶ原の戦いで敗れ、行き場を失っていた侍たちが大坂城に集まりました。秀頼を総大将にして家康を倒し、自分たちが政治の中心になろうと、一発逆転をねらったのです。四十八歳の真田幸村は、秀吉に受けた恩を返したいと、大坂城に馳せ参じました。

一六一四年、徳川軍が大坂に攻めてきました（大坂冬の陣）。豊臣軍は、大坂城を守って徳川軍と戦うことを決めました。幸村は、大坂城の南側に砦（真田丸）を築いて戦い、徳川軍を苦しめました。幸村の力を恐れた家康は、「徳川の味方につけば、信濃（長野県）をあたえる」と誘いました。しかし、

「秀吉様に受けたご恩を裏切るわけにはいかない」

とはねつけました。

この後、家康は、戦いをやめる話し合いを申し出ました。その条件として、大坂城の堀は埋め立てられ、真田丸も壊されました。城の守りが弱くなった大坂城では勝つことは不可能です。

一六一五年に再び起きた戦い（大坂夏の陣）では、最後まであきらめずに徳川軍を苦しめた幸村でしたが、ついに生涯の幕を閉じました。自分を信じ続けて生きた四十九年の人生でした。

道徳授業に生かすポイント

圧倒的に不利な立場と分かっていても、昔、恩義を受けた秀吉への忠誠心を忘れず、最後まであきらめずに戦った真田幸村。残念ながら、最後は徳川軍によって、殺されてしまいます。

しかし、彼が見せた、主君に対する義の篤さと、不屈の闘志は、周囲の人を勇気付けました。敗軍の将となってしまった幸村ですが、その人気は、江戸時代はもちろん、二十一世紀になった現在も衰えることがありません。

力があっても、勉強ができても、人としての魅力がなければ、本当の友だちはできません。リーダーとして周囲から認められることもありません。幸村の生き方から、子どもに学ばせたいものです。

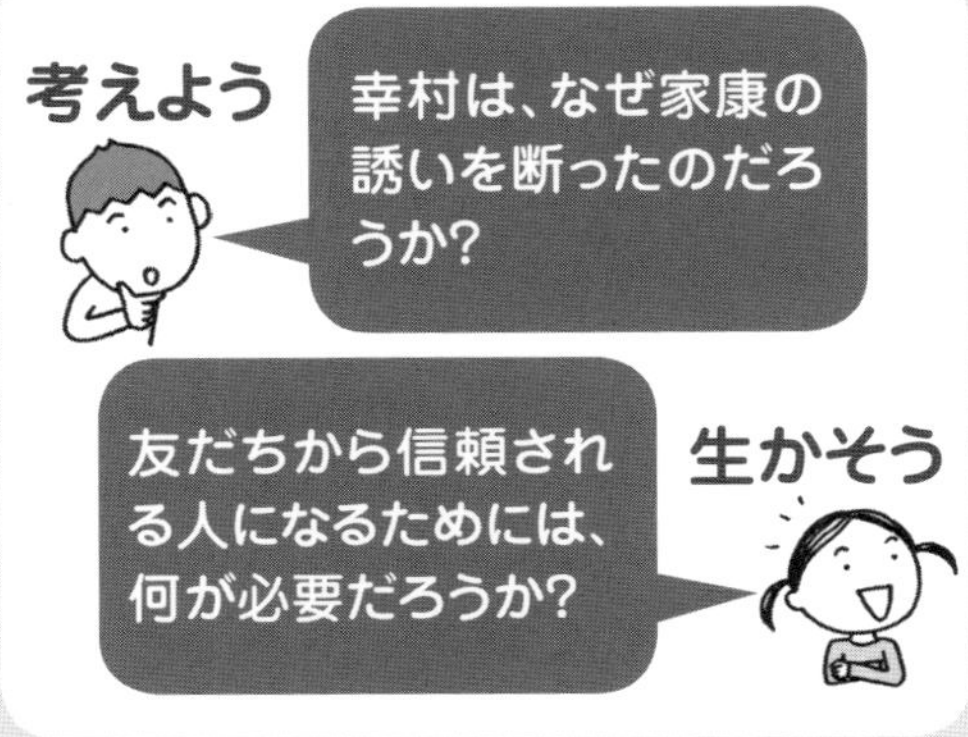
考えよう
幸村は、なぜ家康の誘いを断ったのだろうか?
生かそう
友だちから信頼される人になるためには、何が必要だろうか?

杉田玄白《すぎたげんぱく》

「為《な》すべきは人にあり、成るべきは天にあり。」

――医学の発展に貢献した執念の医者

一七三三年一〇月二〇日～一八一七年六月一日

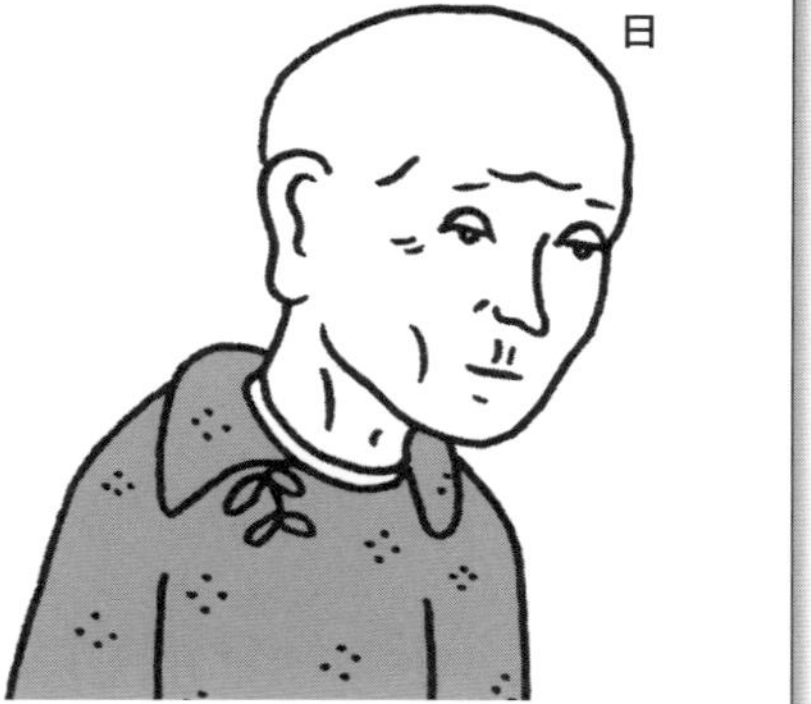

杉田玄白は、今からおよそ二百七十年ほど前、江戸（東京都）の医者の家に生まれました。西洋の医学を取り入れていた父親のすすめで、玄白もオランダ医学を勉強することになりました。

玄白が二十歳を過ぎた頃、京都の山脇東洋《やまわきとうよう》という医者が、日本ではじめて人の身体を解剖して、人の身体のつくりを確かめるという出来事がありました。実際に人の身体を解剖してみると、それまで日本で考えられていた人の身体のつくりが、正確ではなかったことが分かりました。そして、オランダの医学書に書いてある内容が正しいということが証明され、日本の医者たちはとても驚きました。

玄白も、西洋の医学に改めて強く関心をもちました。

「もっと西洋の医学を学ぼう。そうでなければ日本の医学は進歩しない」

玄白は、医者を続けながら、西洋の医学をそれまで以上に懸命に学びました。

玄白が三十九歳の時、『ターヘル・アナトミア』という人体の解剖書を手に入れました。同じ年に、江戸で、死罪になった人の解剖があると聞き、玄白は早速、『ターヘル・アナトミア』を片手に解剖を見学することにしました。オランダ語で書かれている本の内容は、玄白にはまったく分かりませんでしたが、解剖を見学してみると、書かれていることが正確であることは分かりました。

「この本を、日本語に訳して、日本の医学のために尽くそう」

玄白は、同じように解剖を見て感激していた前野良沢《まえのりょうたく》たちと一緒になって、『ターヘル・アナトミア』を日本語に訳すことを決心しました。

早速次の日から、前野良沢の家に集まって、日本語に訳す作業が始まりました。前野良沢が、オランダ語を少しは勉強していましたが、今のように、便利な辞典などはない時代です。ましてや、『ターヘル・アナトミア』は、難しい医学の本です。

本を訳す作業には、とても時間がかかりました。たった一つの言葉を日本語に訳すのに、仲間全員が考えてもとうとう分からないということも度々ありました。それでも、玄白たちは、一語一語を確かめながら、根気強く作業を続けました。時には、長崎から江戸にやってくるオランダ人の所に、分からない言葉を尋ねにいくこともありました。

玄白たちは、このような苦労を重ねながら、毎日毎日、オランダ語を日本語に訳す作業を続けました。そして、ついに『ターヘル・アナトミア』を訳し終えた時には、三年半の歳月が過ぎていました。『ターヘル・アナトミア』は、『解体新書』という名前で、日本最初のオランダ語を訳した本として日本の医学に役立ったのはもちろん、玄白たちの努力自体が、オランダ語を学ぼうとする人々に大きな刺激になりました。

道徳授業に生かすポイント

途中でつまずいたり、分からないことがあったりすると、すぐに投げ出してしまう子がいます。当番や係などで自分の役割をまっとうせず、逃げ出してしまう子も少なからずいます。すぐに投げ出してしまう子は、もちろん指導していかなくてはならないのですが、最近の子は、友だち同士で助け合うということが少なくなりました。とても仲がいいと思われる友だちが何か困っていても、我関せずという顔で、過ごしています。

話し合いの授業、学び合いの授業の必要性が叫ばれて久しくなります。このことは、集団で遊ぶことが少なくなり、子どもたちが自発的に協力し合って切磋琢磨する力がなくなってきたからだともいえます。

単語の意味一つ訳すのに一日をかけた杉田玄白の精神力には恐れ入るものがあります。しかし、玄白を支えたのは、前野良沢をはじめとする志を一つにした仲間の力であることは間違いありません。

『解体新書』は、多くの人の支えによってできあがった「協力の書」でもあることを、子どもたちには伝えていきたいものです。

考えよう

一つの単語の意味が分かった時の玄白たちの気持ちを考えてみよう！

生かそう

仲間がいたから、がんばれたという経験を出し合おう！

二宮金次郎《にのみやきんじろう》

「大事をなさんと欲せば、小成ることを怠らず勤むべし。」

――わずかな時間を惜しんで勉強した働き者

一七八七年九月四日～一八五六年一一月一七日

二宮金次郎は、一七八七年、今の神奈川県小田原《おだわら》で生まれました。金次郎の生まれた村は、作物がよく採れる豊かな村でした。なかでも金次郎の家は裕福な農家でした。ところがその頃、浅間山《あさまやま》（長野県と群馬県の境にある火山）の噴火で、関東や東北では作物が実らず、人々が苦しんでいました（天明《てんめい》の大飢饉《だいききん》）。金次郎の村も、その影響で作物が実らず、人々がたいへん苦しんでいました。

金次郎の父親は、困った人に頼まれると、お金や米を気前よく貸しました。人の良い父親は返済を催促することはなく、家はどんどん貧乏になってしまいました。その父親は、当時の農民には必要ないと思われていた学問（読み書き計算）を金次郎に教えました。金次郎は、弟二人の世話をし、縄ないや草鞋《わらじ》づくりをしながら学問を続けました。

金次郎が十四歳の時、長い間病気を患っていた父親が死んでしまいました。長男の金次郎は、母親を助けて懸命に働きました。しかし、いくら忙しくても学問は続けました。薪《たきぎ》取りの行き帰りに、歩きながら本を読み、本を横に置いて米をつくといった具合です。金次郎は朝早くから夜遅くまで懸命に働き、わずかな時間をぬっては学問に励みました。しかし、金次郎をさらに不幸がおそいます。母親が死んでしまったのです。金次郎は、二人の弟と離ればなれになり、家や田畑を手放して叔父の家で暮らすことになりました。しかし、「行灯《あんどん》の油代がもったいない。農民が学問をして何の役に立つ」と、叔父は金次郎に学問をすることを禁じました。

金次郎は、知り合いから菜種をひとつかみ借りて土手にまきました。半年後、菜種は元の何倍にもなりました。金次郎は、その菜種をたくさんの油と交換して勉強を続けました。またある春の日、畦道に捨てられていた稲の苗を拾って荒れ地に植えました。すると、苗はすくすく育ち、秋には一俵(約六〇キログラム)の米がとれました。

「小さなことでも、積み重なれば大きなことができる」

これらの出来事は、金次郎の考え方の基になりました。そして、たくましい若者に成長した金次郎は、熱心に勉強を続けながら必死に働いて田畑を買い戻し、村でも指折りのお金持ちになりました。

金次郎の噂は、武士の間でも評判になり、その才能を見込まれた金次郎は、何と農民から武士に取り立てられました。それからの金次郎は、小田原の殿様の分家である下野《しもつけ》藩(栃木県)の村々を立て直し、凶作による飢饉の被害を防ぐなど、農民のために必死に働きました。あちこちの村を立て直した金次郎は、ついに幕府の役人に取り立てられ、さらに多くの農民のために働くようになったのです。

一八五六年、熱心に勉強し、骨身を惜しまず仕事に励んで、農民たちの幸せのために生きた金次郎は、七十歳の生涯を閉じました。

道徳授業に生かすポイント

「親孝行」や「勤勉」「奉仕」という言葉を知らないのではと思えるほど、自己中心的な子が増えたように感じる時があります。かつて、日本各地の小学校には、本を読みながら薪を背負って歩く二宮金次郎少年の銅像がありました。親孝行で働き者、努力家の金次郎は、「子どものお手本」とされたのです。

家族のためにがんばる、人が喜ぶことを生きがいにする……。特に今の子には、親孝行や奉仕の精神の大切さ、日々コツコツと努力を積み重ねることの尊さを伝える必要があります。金次郎の、世のため人のためという気持ちと、日々の積み重ねが、日本の農民を救う大きな仕事につながったという事実を伝えることができます。

そして、「大きなことを成功させようと思えば、小さな努力を怠けずに行うこと」という金次郎の言葉を、子どもたちが実際に自分自身の生活に生かそうと思えるように導いていかなくてはなりません。

考えよう

金次郎は、父親の姿を、どんな思いで見ていたのだろうか？

生かそう

学問が、人や社会にどのように役立っているかを考えてみよう！

与《よ》謝《さ》野《の》晶《あき》子《こ》

「君死にたまふことなかれ。」

——周りの空気に流されない強い歌人

一八七八年一二月七日～一九四二年五月二九日

与謝野晶子は、一八七八年（明治一一年）、大阪の和菓子屋の三女として生まれました。幼い頃から古典文学（昔の日本の文学）に興味をもち、女学校を卒業してからも、家の和菓子屋を手伝いながら、文学の勉強をしました。短歌の会に参加して、詩や短歌を発表していました。二十二歳の時、「明星《みょうじょう》」という文学雑誌に短歌を発表したのがもとで、才能が認められるようになりました。

その後、東京に出て歌人（短歌をつくる人）として活躍した晶子は、『みだれ髪』という歌集を発表しました。『みだれ髪』の中で詠《よ》まれた歌は、恋愛に対する女性の気持ちを素直に表現したものでした。しかし、晶子の作品に世間の人々は驚きました。その頃は古いしきたりが残っていたため、晶子の作品は、「世の中の道徳を乱す、ふしだらなものだ」と、多くの人から非難されました。

世間の非難を浴びて、晶子の生活は貧乏のどん底でした。しかし、晶子は、女性の恋愛や情熱を自由に表現することのできる世の中になることを願って、次々と歌や詩をつくっていきました。晶子の歌や詩は、女性の自由な生き方を求める人々に勇気をあたえました。

その頃、日本は清（中国）との戦争に勝ちましたが、ロシアなどの横やりで、戦争で得た権利を放棄しなくてはならなくなりました（三国干渉《さんごくかんしょう》）。日本の人々は、悔しい思いで、「いつかロシアを討ち負かそう」と我慢して生活していました。

そして、一九〇五年、ロシアと戦う時がきました。この時、日本中にロシアを負かそうという雰囲気が満ちていました。

しかし、晶子は、周りの「戦争賛成」の雰囲気に危険を感じました。晶子は「君死にたまふこと勿れ」という詩を発表して、戦争に反対しました。

あゝをとうとよ君を泣く　君死にたまふことなかれ
末に生れし君なれば　親のなさけはまさりしも
親は刃《やいば》をにぎらせて　人を殺せとをしへしや
人を殺して死ねよとて　二十四までをそだてしや

「晶子は、日本の裏切り者だ」

世間の人々は、晶子を非難しました。しかし、この時も晶子は、

「私が日本を愛する気持ちは、誰にも負けません。『国のために死ね』という今の雰囲気こそが、国にとって危険な考え方なのではないでしょうか」

と言い返しました。

晶子は、その後も歌人として活躍し、一九四二年、六十三歳で亡くなるまで、自分の信じる生き方を貫き通しました。

道徳授業に生かす ポイント

仲間はずしやいじめなど、友だち関係のトラブルを起こす子どもたちに共通することは、明らかに「おかしい」と感じることでも、周りの雰囲気に流されて、「間違っているよ」と言えないということです。

自分の考えを言わずに、おかしなことをそのまま放っておくと、「おかしい」と感じなくなってしまいます。間違いを正そうと声を上げる少数の友だちをいじめてしまうくらい、正義感を失ってしまいます。

たくさんの人から批判を受けてつらい思いをしても、自分の考えを貫き通した与謝野晶子の姿から学ばせることで、「本当の強さとは何か?」「本当の仲間とは何か?」を考えさせることができます。

そして、周囲の雰囲気に流されず、正しい行いをしなくてはならないと教えなくてはなりません。

考えよう

「日本の裏切り者」と言われた時、晶子はどう思っただろうか?

生かそう

仲間はずしやいじめをなくすために、何ができるだろうか?

松下幸之助《まつしたこうのすけ》

「おたがいに、縁あってこの世に生まれてきた。」

――世の中を豊かにした経営の神様

一八九四年一一月二七日～一九八九年四月二七日

松下幸之助は、一八九四年（明治二七年）和歌山県の山深い農家に生まれました。幸之助が生まれた頃、家はお金持ちでしたが、幸之助が五歳の時、父親が仕事に失敗して、松下家は貧乏になってしまいました。

幸之助は九歳の時、小学校を途中で辞めて一人で大阪に行き、火鉢屋に丁稚奉公に出ることになりました。朝早く起きて雑巾がけをし、火鉢を磨く仕事をしましたが、夜寝る時に、すりむけた手が痛くて、幾度も母を思い出して布団の中で泣きました。

火鉢屋から自転車屋に奉公先を変えた幸之助は、夜間学校に行くことをすすめられましたが、「仕事をして立派になって、お母さんや家族を助けよう」

と考えました。幸之助は、学校には行かず、仕事を続けることを決意しました。

ある日のこと、お客さんから、「君は熱心な子だ。自転車を買ってあげるから、負けてくれ」と頼まれました。店の主人から、負けることはできないと言われましたが、幸之助はお客さんのことを思って、「頼むから負けてあげてください」と、泣いて主人に頼みました。主人は、幸之助の熱心な態度に負けて、自転車を安く売ることを許してくれました。幸之助の態度に感動したお客さんは、

「君がこの自転車屋にいる限り、私はこの店で自転車を買うよ」

と、幸之助を信頼してくれるようになりました。

その頃、大阪にはじめて走った電車を見た幸之助は、

「これからは電気の時代がやってくるに違いない」

と考え、長年お世話になった自転車屋を辞めて、大阪電灯という会社に入りました。

電気が大阪の町を明るく美しく照らし、人々が喜ぶ姿を見て、幸之助は、一層仕事に打ち込むようになりました。そして、もっと明るく長持ちする電灯をつくりたいと考えるようになった幸之助は、二十二歳の時、自分で会社をつくったのです。これが、現在の松下電器（パナソニック）の始まりです。

最初は小さくて、材料を買うのにも困るような会社でしたが、幸之助は張り切って仕事をしました。電球ソケットや扇風機、電気アイロン、ラジオ、乾電池などを次々と世の中に送り出し、会社は大きくなっていきました。

「会社が儲かれば、税金もたくさん納めることができる。そして、人々の暮らしが良くなる」

幸之助の頭の中には、いつも世の中の人々の幸せがありました。

長い戦争が終わって、日本に平和が戻ってくると、松下電器は、テレビ、洗濯機、冷蔵庫などをどんどんつくり、人々の生活を便利にしていきました。

幸之助は、一九八九年、九十四歳でこの世を去るまで、人々の役に立つ商品をつくる気持ちを忘れないようにと、会社の人々に語り続けました。

道徳授業に生かすポイント

豊かな環境で生活している現代の子にとって、身の周りのさまざまな人々のおかげで豊かに生活することができていることを理解することが難しいのかもしれません。感謝の気持ちが少ないことが、物質的に豊かでも、幸せを感じることのできない子が多い原因ではないでしょうか。

人に感謝する気持ちで、周りを見ることができたなら、きっと自分も人の役に立ち、大切にされているということに気付くはずです。

人々の豊かさと幸せを願ってきた松下幸之助の生き方について考えさせることで、子どもの中に眠っている、「互いに感謝する気持ち」を目覚めさせ、毎日を楽しく幸せに過ごす心持ちを育てることにつながるはずです。

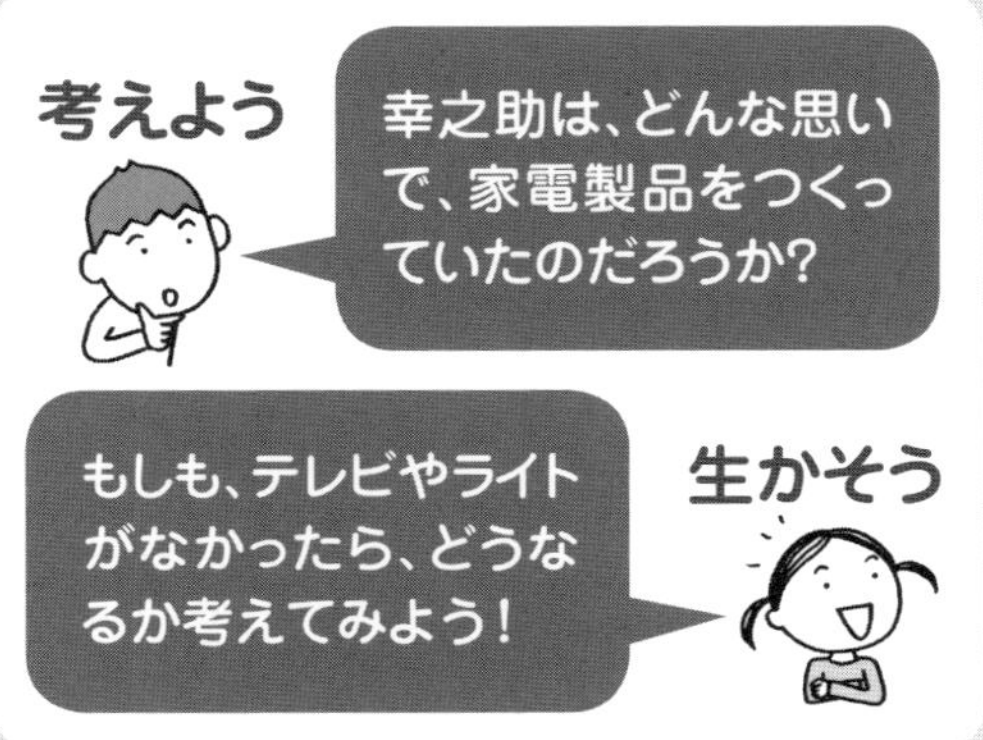

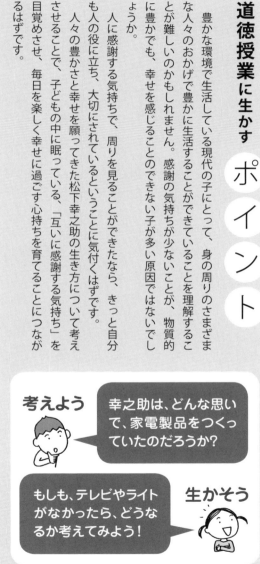

考えよう
幸之助は、どんな思いで、家電製品をつくっていたのだろうか?
生かそう
もしも、テレビやライトがなかったら、どうなるか考えてみよう!

円《つぶら》谷《や》英《えい》二《じ》

「子どもに夢を。」
——大空に憧れた特撮の神様

一九〇一年七月七日～一九七〇年一月二五日

円谷英二は、一九〇一年（明治三四年）、福島県で生まれました。幼い頃から手先が器用で、家のがらくたを集めて、おもちゃをつくることが大好きでした。また、英二が小学生の頃に発明された飛行機に夢中になり、大空に憧れをもつ少年に成長していきました。一枚の写真を見てつくった英二の模型飛行機は、町中の評判になり、地元の新聞社が取材にくるほど素晴らしい出来でした。

幼い頃から飛行士に憧れていた英二は、十五歳の時、家族の反対を押し切って日本飛行学校に入学しました。学校にはお金がなく、一日中修理をしたり、飛行機が飛べなくなったりして、とても厳しい状態でした。しかし、大好きな飛行機に一日中触れられる生活に、英二はとても満足した日々を送りました。ところが、教官（先生）が墜落事故で死んでしまい、学校が閉校され、幼い頃から憧れていた英二の大空への夢は、終わってしまいました。

夢が断たれてがっかりしていた英二は、おもちゃ会社に就職しました。おもちゃ会社で働いている頃、英二の人生を左右する出会いがありました。映画会社の技術者と知り合い、その人の熱心なすすめで、映画界に飛び込むことになったのです。「大空を飛ぶ」という英二の夢はかないませんでしたが、映画を通して人々に夢をあたえるという新たな夢が英二の中で動き始めました。

そんな時に公開されたアメリカ映画「キングコング」は、英二を驚かせました。特殊撮影（特撮）によって、スクリーンの中で巨大な怪獣が自在に暴れ回る技術に、英二は衝撃を受けたのです。

「俺もいつか、『キングコング』のような映画をつくりたい」

普段から新しい映画技術を研究していた英二は、さらに特殊撮影の研究を熱心に続けました。

日本が第二次世界大戦、太平洋戦争に参加するようになると、英二の特撮は、戦争映画に利用されました。英二の技術で撮影された飛行機の空中戦などは、戦後、映画を見たアメリカ軍が、

「この映画は、本物の飛行機が実際に戦闘しているものを映したものだ」

と言ったほど素晴らしい出来でした。

日本が戦争に負けると、英二は「円谷特殊技術研究所」をつくり、特撮を専門に仕事をするようになりました。そして、一九五四年、英二の代表作とも言える「ゴジラ」が公開されました。「ゴジラ」は日本だけではなく海外でも話題になり、「キングコング」に負けない特撮映画が、英二の手によってつくられたのです。

英二は、その頃から家庭に普及し始めたテレビでも、「ウルトラQ」「ウルトラマン」「ウルトラ

セブン」など、特撮技術を使った作品をつくり、「特撮の神様」と言われるようになりました。
一九七〇年、スクリーンを通じて子どもたちに夢をあたえ続けた円谷英二は、六十九歳でこの世を去りました。

道徳授業に生かすポイント

「ゴジラ」「ウルトラマン」は、今の子どもたちにとっても、ヒーローであり人気のキャラクターです。わくわくさせてくれるキャラクターを生み出した人物というだけで、子どもたちは、円谷英二という人から学ぼうと意欲的になるはずです。

円谷英二の作品は、今でも画面を通して夢をあたえ続けてくれています。今の子どもたちと同じように少年の頃に夢を抱いた英二が、大勢の子どもたちに夢をあたえている。その素晴らしさを理解することができるはずです。

円谷英二のように、人に夢をあたえられる生き方をしたいと思う気持ちを、子どもたちに芽生えさせたいものです。

考えよう

円谷英二が特撮に力を入れたのは、なぜだろうか?

生かそう

本やテレビ、または誰かから、勇気や希望をもらった経験を出し合おう!

本田宗一郎《ほんだそういちろう》

「人間が進歩するためには、まず第一歩を踏み出すことである。」

──世界に挑戦した町工場のおやじ

一九〇六年一一月一七日〜一九九一年八月五日

本田宗一郎は、静岡県光明村（今の浜松市）で生まれました。今から百年ほど前の明治の終わり頃、日本にようやく自動車が走り始めた頃でした。自動車が村の中を走ると、見えなくなるまで追いかけていく。また、飛行機の曲芸飛行を見るために、遠く離れた町まで自転車で一日かけて出かける。このように、宗一郎は、幼い頃から自動車や飛行機が大好きな少年でした。

宗一郎は、中古部品を組み合わせて自転車を組み立てる父親を見て、

「オヤジが自転車をつくるように、オレは必ず自動車をつくってやろう」

と、心に決めるようになりました。

高等小学校（中学校）を卒業した宗一郎は、自動車の修理工場で働きました。

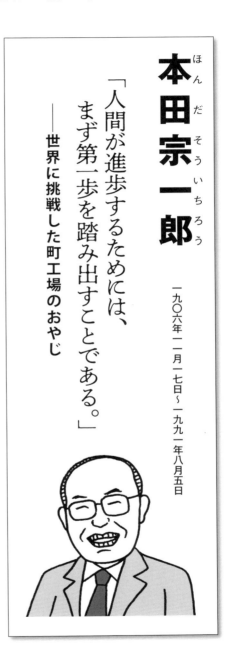

「毎日、自動車を眺め、エンジンの構造を見ていられるのは、幸せだ」

宗一郎は、朝早くから夜遅くまで、自動車の知識と修理の技術を学びました。

そして二十一歳の時、ついに自分の会社をつくることになりました。工夫を重ねた部品で、どんな故障も素早く修理してしまう宗一郎の会社は、たちまち評判になりました。しかし、宗一郎はそれだけでは満足しませんでした。

「どんなに会社が大きくなっても、それは他の会社の自動車の修理だ。どうせやるなら、自分の手でエンジンをつくりたい」

宗一郎は、周囲の人々の反対を押し切って、自動車のエンジンの部品をつくることを決めました。ところが、三万個の中から厳しく選び抜いた五十個のうち、三個しか検査に合格しないという散々な結果でした。それでも宗一郎はあきらめず、大学や研究所で、自動車の基礎から勉強し直しました。そしてついに、日本ではじめてエンジンの大量生産に成功しました。太平洋戦争が終わって、「本田技研工業」を設立した宗一郎は、次々とオートバイを製造し、人々に喜ばれました。

宗一郎は、世界の優秀なオートバイが出場するレースに挑戦しました。最初は勝負にならなかったホンダのバイクでしたが、数年後には優勝してしまうほどに進歩しました。そして、宗一郎は「世界一の自動車をつくる」という小さい頃からの夢に挑戦するため、世界の自動車レースの中でももっとも有名なF1（フォーミュラワン：通称エフワン）に出場することを決めたのです。ホンダのエンジンを積んだ車は、何度も優勝し、世界を驚かせました。

レースの他にも、ホンダは「絶対に無理」と言われていた公害を少なくするエンジンをつくることに挑戦して成功しました。一九九一年、八十八歳でなくなった本田宗一郎のチャレンジ精神は、今でも「世界のホンダ」の自動車づくりに生き続けています。

道徳授業に生かすポイント

今の子は、人に笑われたり、失敗をしたりするのを極端に恐れ、嫌がります。そのことが、先頭を切って進んでやろうとはしない子、新しいことに挑戦しない子を増産しています。

子どもの時期は、さまざまなことに積極的に挑戦し、失敗しなくてはなりません。そのためにも、チャレンジする勇気を応援する仲間づくりや、失敗を許し称える集団づくりを行うことが必要です。

本多宗一郎がバイクやＦ１のレースに挑戦するのを決めた時、「日本の技術では、絶対に世界に通用するわけがない」と、他の技術者たちから笑われました。もしも、そこで挑戦をあきらめていたら、世界に通用しないまま終わっていたでしょう。しかし、宗一郎と会社の仲間たちは、一丸となって果敢に挑戦していきました。

本田宗一郎の言葉や生き方、そして、夢をかなえるために心をひとつにして働いたチームホンダの精神を伝えることによって、子どもたちに勇気をあたえることができるはずです。

考えよう

エンジンづくりが失敗した時の、社員たちの気持ちを考えよう！

生かそう

友だちやチームメイトと、一緒に苦労した経験を出し合おう！

Column

2

子どもへの贈り物

私が小学生の頃の先生方は、自分の考えや思いを、子どもたちにとうとうと語っていたように記憶しています。子どもが聞いているかどうかなど気にせずに、とにかく語り続けていました。

最近の傾向は、「話は端的に短く」「子どもの集中力がもつ間に」というのが主流なのかもしれません。しかし、特に若い先生方は、子どもに自分の思いを語ることが少なすぎるように思います。時には、少々の我慢をさせてでも、自分の思いを子どもに語ることが大切です。

子どもの胸に染み込むような語りをするためには、相応の技術と、何よりも強い思いが必要になります。私は、担任をしていた子どもたちに、何かあるごとに自分の思いを語ってきました。子どもに伝えたいという気持ちの強さには自信がありましたが、語りの技術は素人レベルです。そんな私を助けてくれたのが、偉人たちの言葉や生き方でした。「エジソンは、『天才とは一％のひらめきと九十九％の努力』と言ってるよ」「織田信長は、戦争のない世の中をつくるために、嫌われても戦い続けたんだよ」などと、偉人の言葉や生き方に助けられながら、自分の思いを子どもに伝えることができました。

卒業して大人になった子どもから、「先生の偉人伝の話、覚えています」と言われることがあります。偉人の言葉や生き方は、子どもへの贈り物になるかもしれません。

第3章 努力し挑戦する自己と向き合うために

——強い生き方を目指そう

誰もが、妬みや怠慢などの弱い心をもっています。
それを認めた上で、弱い自分と闘うことが、
強い自分へと前進する道であることを、偉人たちが証明しています。

間《ま》宮《みや》林《りん》蔵《ぞう》

「始めがあって終わりがないのは、人の常。」

――世界の謎に挑戦した探検家

一七七五年（伝）～一八四四年四月一三日

間宮林蔵は、常陸国《ひたちのくに》（今の茨城県）の農民の子として、一七七五年に生まれました。父親は、林蔵が幼い頃から算術を習わせました。林蔵は幕府の目にとまるほど優秀で、十五歳の頃、幕府の役人に取り立てられました。

江戸に出た林蔵は、地理学の先生について勉強し、先生と一緒に蝦夷地《えぞち》（今の北海道）の調査を行いました。この間に、林蔵は、箱館（現在の北海道函館市）に来ていた伊能忠敬《いのうただたか》と知り合い、忠敬に測量技術を教わりました。そして、林蔵は、北海道だけではなく、南千島《みなみちしま》や国後島《くなしりとう》、択捉島《えとろふとう》の調査を行いながら、新しい道を切り開き、蝦夷地の住民に植林や農業などを教えて回りました。

林蔵が活躍していた頃、日本には、欧米諸国の船が盛んに現れるようになって、日本に自由に出入りできるように求めていました。そして、林蔵が蝦夷地を開拓するための調査をしていた一八〇七年、ロシア船がやって来て、林蔵たち調査隊は攻撃に遭いました。

蝦夷地をロシアに狙われていると危険を感じた幕府は、翌年、林蔵に樺太《からふと》（サハリン）の調査を命じました。その当時、樺太は、島なのか大陸と陸続きになっているのか、よく分かっていませんでした。林蔵は、仲間と一緒に樺太を調査しました。天候が悪く、林蔵自身は確認することができませんでしたが、仲間が、樺太と大陸との間に海があることを発見し、樺太が島であることが分かりました。

しかし、探検を終えた後、林蔵は再び樺太に行くことを願い出ました。自分の目で、樺太が島であることを確認したかったのです。林蔵たちは、樺太で冬を過ごしました。樺太の冬は、寒さに慣れているアイヌ人や、樺太に住んでいる人々でさえ恐れているほど厳しいものでした。

林蔵は、厳しい寒さに耐えながら探検を続け、翌年の春、樺太とシベリア大陸の間を船で通り抜けて、海が陸地を隔てていることを確かめました。

「やはり、樺太は島だった。私は、自分の目でそれを確かめたぞ」

自分の目で樺太が島で、大陸との間に海峡があることを確認した林蔵は、さらに海を渡って大陸に行き、シベリアや中国の様子までも調査しました。

林蔵が発見した、樺太とシベリア大陸にある海峡（陸と陸を隔てる海）は、ヨーロッパの人々に紹介されました。そして、間宮林蔵の名前は、「間宮海峡」という名前で世界地図に残り、広く知られることになりました。

林蔵は、七十歳で亡くなるまで、幕府の役人として全国を回りました。林蔵の墓は、樺太探検に行く前に自分で建てたと言われています。それほど樺太探検が命がけだったということが予想できるエピソードです。

道徳授業に生かすポイント

子どもたちは、友だちのこと、家族のこと、そして、自分のことを、じつはあまり理解してはいません。それまでの経験や自己中心的な見方による思い込みで、物事をとらえています。

知っているつもりでも、じつはよく分かっていなかった、ほとんど知らなかったということがたくさんあるのが子どもです。特に最近の子は、テレビやゲーム、パソコンで身につけた知識や、仮想体験の割合が大きくなっています。

実物に触れたり、身体をつかって体験したりすることで、実感したり、感動したりして、物事を理解することが大切です。

全国を駆けめぐり、「世界の果て」と言われた樺太を見てきた林蔵ですが、真実を求める気持ちに終わりはありませんでした。間宮林蔵の生き方から、見えていないことに気付き、自分のことをもっと知るために、さまざまなことに挑戦し、できる限り多くのことを経験することが大切であると、学ばせることができるでしょう。

考えよう

自分の墓を自分で建てた林蔵の決意を想像してみよう！

生かそう

あきらめずにやり抜くためには、どんな気持ちでいることが大切だろうか？

御木本幸吉《みきもとこうきち》

「誰もやったことがない仕事こそ、やり甲斐がある。」

――失敗にくじけず研究を続けた真珠王

一八五八年三月一〇日～一九五四年九月二一日

「真珠」という宝石を知っていると思います。女性を美しく飾る真珠は、いつの時代も人気のある宝石です。

ところで皆さんは、真珠が貝の体内でつくられるということを知っているでしょうか。真珠は、海や湖などに棲んでいる貝の中から、ごく希にしか出てこない貴重な宝石でした。めったに手に入れることのできない高価な真珠を手に入れるために、日本各地で貝が採られ、今から百年くらい前には、真珠貝が絶滅してしまうのではないかと言われるくらい貴重なものになってしまいました。

御木本幸吉は、その貴重な真珠が採れる、三重県の志摩《しま》に、今からおよそ百六十年前に生まれました。幸吉の家はうどん屋を営んでいましたが、十四歳の時、野菜の商売を始めることを思いつきました。そして、その頃、日本に来航し始めていた外国の船に野菜を売り込むことに成功するなど、幸吉は商売の才能が豊かな少年でした。

二十歳の時、伊勢志摩で採れるエビやアワビ、そして、天然真珠が外国人に高い値段で売れると確信して、海産物の商売を始めることにしました。幸吉は、海産物の商売をしながら、故郷である伊勢志摩を豊かにすることに力を入れていったのです。やがて、

「真珠をつくることはできないだろうか」

と幸吉は熱い思いを抱き、貝を育てて真珠をつくり出す研究を始めました。真珠は、貝が飲み込んだ小石などに、貝がつくる液体が時間をかけて何層にも固まることによってでき上がることが分かっていました。

「貝の中に、何を入れればいいのだろう。どこに入れればいいのだろう」

「アコヤ貝を上手に育てるためには、どうすればいいのだろう」

幸吉は、全財産をつぎ込んで真珠の養殖に打ち込むようになりました。

「幸吉は、気でも違ったのではないか」

周りの人々は、「人の手で真珠がつくれるわけがない」と幸吉を笑いました。それでも幸吉は、あきらめることなく研究を続けました。失敗を繰り返しながら、幸吉は真珠の元になる物を探し出していきました。

そして、ある日、もうすぐで真珠ができあがるという矢先、赤潮によって養殖していたアコヤ貝が全滅してしまいました。この時は、さすがの幸吉も打ちひしがれました。妻と一緒に、死んでしまっ

た貝を眺めながら泣きました。

しかし、何度も繰り返される失敗にも負けず、幸吉は真珠づくりに打ち込みました。そして、とうとう丸い真珠をアコヤ貝の中でつくることに成功した時には、幸吉は三十八歳になっていました。幸吉は、「真珠をつくる」という、世界の誰も成功したことのない素晴らしい発明を成し遂げたのでした。「世界の真珠王」と言われるまでになった御木本幸吉は、一九五四年、九十六歳で亡くなりました。

道徳授業に生かすポイント

称賛されたい、周囲から認められたいという気持ちは、大人も子どもも同じです。しかし、「苦労はしたくないけど、利は得たい」「できる限り楽をして成果を得たい」という子が少なからずいます。このような考え方は、「人に迷惑をかけても、自分が得をすればいい」という危険な考えにつながる恐れがあります。

何をするにも、成果を出そうとすれば、相当な苦労を覚悟しなくてはなりません。周りの人の批判を受けることもあります。しかし、困難や他人の批判を避けていては、何も得ることはできません。

苦労の連続で真珠の養殖に成功した御木本幸吉の姿から、何かに挑戦することの大切さと、苦労して物事を成し遂げることの尊さを学ばせることができるでしょう。

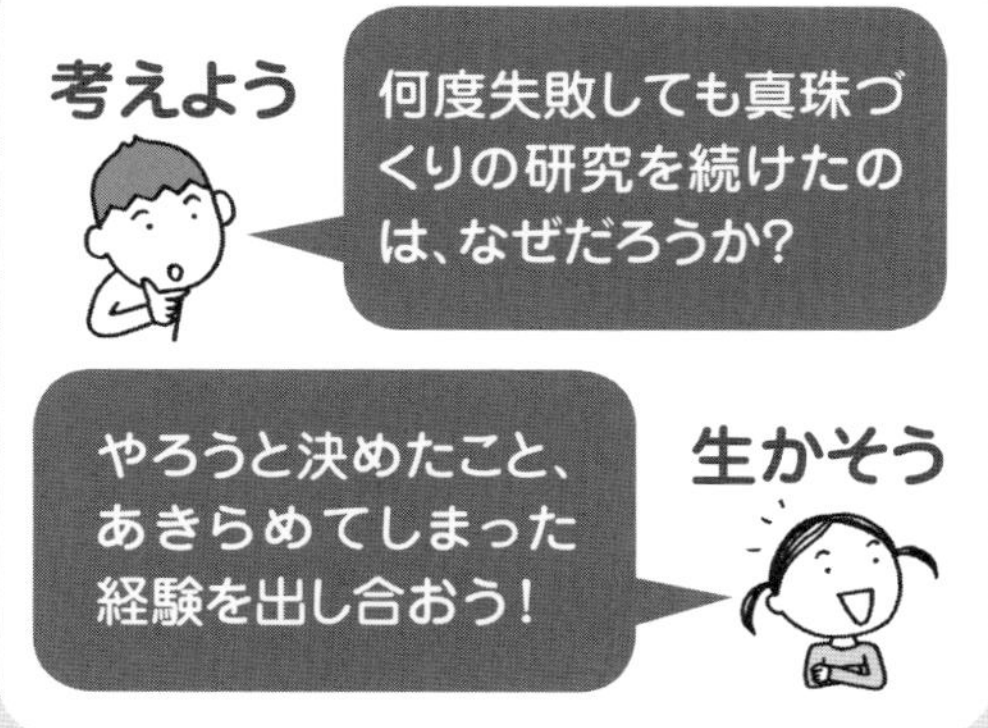
考えよう
何度失敗しても真珠づくりの研究を続けたのは、なぜだろうか?
生かそう
やろうと決めたこと、あきらめてしまった経験を出し合おう!

南方熊楠《みなかたくまぐす》

「肩書きがなくては、己が何なのかも分からんような、あほう共の仲間になることはない。」

――未知の世界を追い求めた自由人

一八六七年五月一八日～一九四一年一二月二九日

南方熊楠は、江戸時代の終わり一八六七年に現在の和歌山市に金物屋の次男として生まれました。生まれた頃から身体が弱く、大きな病気にかかって死にそうになったこともありました。しかし、熊楠は頭の良い子で、本を読むのが好きで、小学校に入る前には、大方の漢字が読めるようになっていました。熊楠は、幼い頃から、身の周りの昆虫や植物などを、『和漢三才図会』という、今でいう百科事典で調べるのが好きな子でした。『和漢三才図会』は、百五巻という膨大な量の書物でしたが、熊楠は、小学校を卒業するまでに、すべてを読破し、書き写してしまいました。他にも、五十二巻もある『本草綱目』という中国の薬学事典をはじめ、さまざまな事典を次々と読んで、書き写していきました。南方熊楠は、好奇心旺盛で学ぶことに対しても貪欲な少年で、神童と呼ばれていました。

中学校に入学した頃から、熊楠は健康で体つきがたくましくなり、足も速くなりました。腕白になり、友だちといたずらもたくさんしました。一方で、植物や動物など、自然に関する学問に対しての情熱はさらに高まりました。中学校で、鳥山《とりやま》啓《ひらく》という先生に出会い、正式な採集の仕方や分類、記録、標本のつくり方などを教わりました。

中学校を卒業した熊楠は、十六歳で東京に行き、共立学校という東京大学の予備校に通うことになりました。共立学校で学んでいる間に、世界的に有名なイギリスの植物学者であるバークレイが、粘菌（アメーバのように移動する、菌類のような不思議な生物）を六千種類集めたというニュースを聞いて、

「ぼくの夢は、予備校でも帝国大学でもない、地球だ」

と、世界中を駆け回って、大自然を研究することを目指しました。

熊楠は十九歳の時、共立学校を退学し、アメリカに渡りました。アメリカでは、本当の学問をしたいという思いから、次々と学校を変わっていきました。そして、当時、アメリカで地衣類（コケ類など）と菌類（キノコ類など）の研究でもっとも優れた学者と言われていたカルキンス博士から、採集や標本づくりについて学びました。

カルキンス博士のすすめで行ったフロリダで、新種の藻を発見した功績が、有名な科学雑誌『ネイチャー』に掲載され、南方熊楠の名は世界で知られるようになりました。

熊楠の好奇心はとどまることを知らず、キューバやジャマイカなどの西インド諸島を探索し、おびただしい数の植物を採集しました。その後、二十五歳でイギリスのロンドンに渡り、三十三歳で日本

に帰国するまでの約八年間、大英博物館で働きながら研究に没頭しました。帰国後、熊楠は和歌山県田辺市で生活をしながら、植物の研究を続けました。そして、新種の粘菌を次々に発見していきます。熊楠は、七十五歳でこの世を去りました。日本で発見された菌類の半数は、熊楠が発見したもので、一国で発見された数としては世界一と言われています。また、世界的に権威のある科学雑誌『ネイチャー』には、熊楠の論文が五十一も掲載されていますが、これも世界一と言われています。

道徳授業に生かすポイント

今どきの子は、「自分だけ突出するのは嫌」と、友だちとうまくやることに全神経を集中しているように感じます。子どもの頃から、ゆがんだ人間関係に縛られ、とても不自由に思われて仕方ありません。

自分が好奇心を抱いたことに対しては、とことんまで追究していった南方熊楠。納得するまで、自分の足で歩き、自分の目で見て確かめなくては気のすまない人でした。熊楠の生き方は、周囲の人から見るととても破天荒で、世間では熊楠を「奇人」と言う人もいました。しかし、熊楠は、周囲の評価などまったく意に介することがなく、自分の道を突き進んでいきました。

熊楠の自由奔放な生き方を紹介することで、子どもたちに、大らかに自由に生きることへの憧れを抱かせたいものです。

考えよう

世界を駆け回る熊楠の原動力となったものは何だろうか?

生かそう

夢を実現するために、今、自分がやらなければならないことは何だろうか?

野《の》口《ぐち》英《ひで》世《よ》

一八七六年一一月九日～一九二八年五月二一日

「努力だ、勉強だ、それが天才だ。」

――熱意と努力で困難に立ち向かった天才

野口英世は、一八七六（明治九）年に福島県の翁島村《おきなじまむら》（現在の猪苗代町《いなわしろまち》）で生まれました。子どもの頃の名は清作《せいさく》と言いました。清作の父親は大酒飲みで、家は村で一番貧乏でした。そんな貧乏な家の生活を支えたのは母親でした。

清作が一歳のある日、母親が畑で仕事をしている時のことでした。清作は囲炉裏に落ちて、左手に大やけどを負ってしまいました。そして、小学校に入ると、友だちから「テンボウ（身体的ハンディキャップに対する蔑視語）。貧乏」と、不自由な左手や貧乏なことをからかわれたり、馬鹿にされたりして、悔しい思いをしました。

「負けるもんか。勉強して見返してやる」

清作は、どんなつらいことがあっても必死で勉強に打ち込みました。そして、清作の熱心な態度に感心した小林栄《さかえ》という先生の応援で、高等小学校に入学しました。

高等小学校で清作を受けもった小林先生は、清作の左手を治してあげたいと思うようになり、学校の他の先生や生徒たちに呼びかけてお金を集めました。

周りの人のおかげで、清作は左手を手術することができたのです。

「ぼくも医者になって、病気や怪我で苦しんでいる人を助けたい」

高等小学校を卒業した清作は、左手の手術を受けた病院で働きながら医者になる勉強をしました。清作は、一日三時間しか寝ませんでした。人が寝ている間も一生懸命勉強したのです。そして、医師の免許をとるために東京に行き、二十歳という若さで、難しい試験に合格したのです。

医者になった清作は、当時、世界的に有名だった北里柴三郎が所長を務める伝染病研究所（現在の東京大学医科学研究所）で働きました。名前を英世と改めたのはこの頃のことです。

英世は、日本に来ていた有名な医学者のフレクスナー博士の通訳をしたことがきっかけで、二十四歳の時、アメリカに留学することになりました。そして、アメリカの研究所でも、英世の研究熱心さは周囲の人々を驚かせました。他の研究員から、「日本人はいつ寝るのだろう」「ノグチの努力にはかなわない」と言われるほど、英世は寝る時間や食べる時間を惜しんで研究に打ち込みました。

並々ならぬ努力が実って、伝染病の細菌の発見や純粋培養に成功するなど、英世の研究はアメリカやヨーロッパで認められ、ドクターノグチの名前は世界中に広まっていったのです。

三十八歳で日本に里帰りした後、アメリカに再び戻った英世は、黄熱病という伝染病の研究に取り組みました。南アメリカに渡って研究を続け、一度は黄熱病の原因を突き止めたと思われましたが、自分のつくった薬が効かないと分かり、英世はアフリカに渡って研究を続けたのです。ところが、研究をしているうちに自分自身が黄熱病にかかってしまいました。

こうして英世は、熱意と努力で次々と困難をはねのけていった五十一年の人生を終えたのです。

道徳授業に生かすポイント

今どきの子は、嫌なことや苦しいことがあると、すぐに音を上げてしまい、やるべきことから逃げ出してしまいがちです。そのような弱い気持ちを鍛えるためには、日頃から少しずつ自分の心に立ち向かわせるしかありません。例えば、宿題などを「また後でやればいいさ」と後回しにしたり、字を書く時に「適当にやっちゃえ」などと弱い気持ちに負けそうになったりするような日常の場面が思い浮かびます。そんな弱い自分に負けそうな気持ちを踏みとどまらせ、やるべきことを実行しようと立ち向かう強い気持ちを育てる必要があります。

どんなに過酷な状況に置かれていても、強い気持ちで努力を重ね、世界に名を馳せるまでに至った野口英世。子どもたちには、夢をかなえるためにはそれを実行する強い意思があれば誰でも実現可能なのだと、英世の生き方から学ばせることができます。

考えよう
なぜ、英世は並々ならぬ努力をしたのだろうか?
生かそう
努力して、何かを達成した時、どんな気持ちになるかな?

平塚雷鳥《ひらつからいちょう》

「元始、女性は太陽であった。」
——自由と権利を求めて闘った女性

一八八六年二月一〇日～一九七一年五月二四日

平塚雷鳥は、一八八六年（明治一九年）、国の役人として働く父の三女として東京に生まれました。本名を平塚明《はる》と言います。良い家柄の子として育てられ、当時の女性としてはめずらしく女子高等師範学校を卒業し、日本女子大学校まで進みました。女子大学では、礼儀やしきたり、そして、女性はどうすれば男性の役に立つことができるかということを教えていました。

「男性は自由な生き方ができるのに、なぜ、女性の生き方は限られてしまうの」

雷鳥は、大学で勉強しながら、自分の才能を生かした自由な生き方ができないことに疑問を抱いていました。そんなある日、雷鳥は、エレン・ケイというスウェーデンの教育学者で、女性のための運動を盛んに行った人の考え方を知りました。

「もうすぐやってくる二十世紀は、子どもの世紀になるでしょう。母親を守ることが、女性と子どもを自由にすることにつながるのです」

雷鳥は、エレンの考え方に賛同し、仲間と一緒に日本の女性たちの自由な生き方を目指した雑誌『青鞜《せいとう》』をつくりました。一九一一年に創刊された「青鞜」の最初の言葉に、雷鳥の思いがよく表れています。

「元始、女性は実に太陽であった。真心の人であった。今、女性は月である。他に依って生き、他の光によって輝く、病人のような蒼白い顔の月である。」

雷鳥は、政治が女性の立場で行われていないことや、女性は男性を支えていればいいという考え方など世の中の風潮を変えたいと思いました。そして、元々女性がもっている素晴らしい能力を取り戻したいと考えました。雷鳥は、仲間と一緒に、「新婦人協会」という団体をつくり、女性の権利を求める運動を行いました。雷鳥たちの考えは、次のようなものでした。

・女性の能力を自由に発揮するためにチャンスを男性と同じにすること
・男女が平等であることをもとにして、男女の差を認めながら協力すること
・家庭が社会にどのように関わるのかを明らかにすること
・母と子の権利を守り、母子のためになることを進めること

雷鳥たちの努力がついに実り、一九二二年に法律が変わって、社会を考える集会に女性が参加することが認められるようになりました。

その後も雷鳥は、女性の選挙への参加や、妊娠した女性を守る仕組みづくりなどを政府に求め続け

ていきました。雷鳥は、一九七一年に亡くなるまで、女性の自由と権利のために、その生涯をささげた女性でした。

道徳授業に生かすポイント

今、男女は同じ勉強をして意見を交わし、男女の区別なく、その人の考え方や能力によって好きな仕事や生き方を選ぶことができます。現在の子どもにとって、それは当たり前のことです。少し前までは、「変だな」と思っても、世の中では「当たり前」と片付けられているようなことがたくさんあったということを、知りません。しかし、じつは現代でも、よく考えてみると「変だな」ということがたくさんあるはずです。もしも、「変だな」と気付くこともなく、「変だな」と思っても声を上げることができない雰囲気に負けたとすれば、理想の実現を目指して自分の人生を切り開いていくことなどできるはずがありません。

雷鳥は、「当たり前」と考えられていたことの中にある、おかしさに気付いただけではなく、より良い世の中にするために、「当たり前」を変えていく挑戦をしました。その生き方から、「ただ何となしに過ごすのではなく、自分の頭で考え、多くのことに挑戦することが大切なのだ」と、子どもたちに教えることができます。

考えよう

雷鳥の言う「自由な生き方」とは、どんな生き方なのだろうか?

生かそう

日頃の生活で、「こうすれば良くなる」と思うことを出し合おう!

黒《くろ》澤《さわ》 明《あきら》

一九一〇年三月二三日～一九九八年九月六日

「些細なことだといって、ひとつ妥協したら、将棋倒しにすべてがこわれてしまう。」

――映画界に影響をあたえた完璧主義者

日本を代表する映画監督、黒澤明の名前を聞いたことがあるでしょうか。黒澤明がつくった名作映画の数々は、後にスター・ウォーズやゴッドファーザー、インディ・ジョーンズなど、世界中で大ヒットした映画に大きな影響をあたえました。そんな偉大な人物が、日本の映画界にはいたのです。

黒澤明は、一九一〇年（明治四三年）に東京府荏原郡（現在の東京都品川区）に生まれました。幼い頃は泣き虫で、運動よりもお手玉やあやとりのほうが好きな男の子でした。また、父親の影響で、幼い頃から、西部劇などの映画をよく観ていました。

中学校に入学した明は、心身ともにたくましくなり、腕白でいたずら好きな少年に育っていました。いたずらをする一方で、「勉強しろ」と言う教師や親の目を盗んでは、小説を読みあさるなど文学に没頭しました。後に明は、「中学校時代の読書が、俺の肥やしになっている」と言っています。

中学校を卒業した明は、画家になることを目指して絵の塾に通い始めました。その頃の日本には、政府に反対して労働者中心の世の中をつくろうという運動（プロレタリア運動）が起こっていました。明もこの運動に影響されて、警察に逮捕されたこともありましたが、この運動と絵には自分の未来はないと、見切りをつけることにしました。

一九三六年、明が二十七歳の時、ピー・シー・エル映画製作所という映画会社（東宝株式会社の前身）が、助監督を募集していると新聞広告で知りました。なんと、百倍の競争率を突破して、映画界での人生がスタートしました。明は、助監督として、大道具や会計と、映画製作に関わるありとあらゆることを経験していきました。若い頃の映画セットづくりや、シナリオづくりなどの経験が、良い映画をつくるためには細かいところまで手を抜かないという、後の監督としての映画製作に大きな影響をあたえました。

一九四三年に製作された、明の監督デビュー作「姿三四郎」は大ヒットとなり、新人監督に贈られる賞を受賞しました。その後、終戦を迎えて新しい日本となり、明は次々に映画をヒットさせていきました。

そして、一九五〇年、四十一歳で製作した「羅生門」が、ヴェネチア国際映画祭金獅子賞とアカデミー賞名誉賞を受賞し、「世界のクロサワ」として明の名は世界中で有名になりました。その後、ジョージ・ルーカスやフランシス・フォード・コッポラなど、世界の名だたる映画監督に影響をあたえる作品を次々と生み出していきました。

晩年には、ハリウッドにも進出して活躍した「世界のクロサワ」は、一九九八年、八十八歳でこの世を去りました。

道徳授業に生かすポイント

情報端末機器の発達は目覚ましく、人々が求める情報はインターネットで簡単に手に入る時代になりました。一つのことを調べるのに、昔とは比べものにならないほど労力を必要としなくなりました。

労力を必要としなくなったのは、家事や労働なども同じです。そのような豊かな環境は、子どもたちから「自分で考えて、自分で苦労する」力を奪っているようにも感じます。

「完璧主義者」と言われる黒澤明は、良い作品をつくるためには、一切の妥協を許しませんでした。夏の暑さを強調するために撮影を冬に行ったり、撮影風景に合わないからと「あの家を壊してくれ」と言ったり、大勢のスタッフを何日も待機させて撮影に必要な天候を待ったり……。

自分の仕事に責任をもつ。誰かに命令されるのではなく、自分が納得できるまでやり通す。黒澤明の映画づくりに対する姿勢から、現在の子どもたちに学ばせることが、たくさんあります。

考えよう

大ヒット作を数多く生み出した明の力の源は何だろうか？

生かそう

自分の頭で考えて行動することが、なぜ大切なのだろうか？

手《て》塚《づか》治《おさ》虫《む》

「人に自慢できるものをもつことが、本当の幸せなのです。」

――子どもたちに夢をあたえた大漫画家

一九二八年一一月三日～一九八九年二月九日

手塚治（治虫）は一九二八年（昭和三年）に大阪で生まれ、五歳から兵庫県宝塚市で育ちました。治の父親は会社員でしたが、若い頃は漫画家になりたいと思っていました。それで治の家には、当時は珍しかった漫画の本がたくさんありました。

小学二年生の時、家族で映画を観ました。ディズニーのミッキーマウスやドナルドダックを観て、治は感動しました。そんなある日、父親が手回しの映写機を買ってきました。家の部屋の壁に映し出されたミッキーマウスの姿を見て、治はすっかり漫画に夢中になってしまったのです。

治は、よく漫画を描いては友だちに見せていました。治の描いた漫画は、クラスのみんなに大人気でした。先生までもが、治の漫画のファンになってしまい、学校の道具で印刷をすることまで許可してもらうほどでした。

小学五年生の時、治は友だちに昆虫図鑑を見せてもらい、昆虫の世界に興味をもちました。そして、「オサムシ」という昆虫がいることを知りました。この虫をとても気に入った治は、漫画や絵に「治虫」とサインするようになりました。こうして、「手塚治虫」という名前が誕生したのです。

治が中学生の頃は、戦争の激しい時代でした。そのため、治の中学校でも授業がなくなり、生徒は工場で働くことになりました。そんな中でも、治は少しの休み時間を利用して漫画を描き続けました。治は描いた漫画を、自分たちだけが使うトイレの壁に毎日貼って、友だちを喜ばせました。戦争で建物が焼かれ、大勢の人が死ぬのを見た治は、戦争の悲惨さと命の大切さを嫌と言うほど思い知らされました。この戦争の体験は、後の治の作品に大きく影響をあたえました。

戦争が終わって、治は医者になる学校に通いながら漫画を描き続けました。新聞に連載した四コマ漫画がヒットすると、長編漫画『新宝島』を描くことになりました。『新宝島』で治は、映画の手法を取り入れて漫画の新しい可能性を引き出しました。

その後も、治は大学に通いながら漫画を描き続けましたが、医者と漫画家のどちらになるか迷っていました。お母さんに相談して、「自分は漫画が好きだ」ということを確かめた治は、漫画家として生きる決意をしました。漫画家「手塚治虫」がこうして誕生したのです。

漫画家手塚治虫は、『鉄腕アトム』『ジャングル大帝』『ブラック・ジャック』など素晴らしい作品を次々と雑誌で発表していきました。そして、家庭で普及したテレビを通じて、アニメーション作品にも次々と挑戦したのです。治虫がつくった漫画やアニメーションに、子どもたちは夢中になりました。
一九八九年二月、手塚治虫はガンのため亡くなりました。限りなく漫画を愛し、多くの子どもに夢と希望をあたえ続けた人生でした。

道徳授業に生かすポイント

手塚治虫が残した数多くの漫画とそのキャラクターは、今でも大勢の子どもたちに夢と感動をあたえ続けています。『火の鳥』や『ブッダ』など、治虫の作品を紹介することで、子どもにその作者自身についても興味を抱かせることが容易にできるでしょう。

今では、「漫画の神様」と言われるようになった手塚治虫は、心から漫画を愛した人でした。戦争というたいへんな時でさえ、治虫は漫画を描き続けることをやめることはありませんでした。

現代の子どもたちにも、夢中になれることが必ず何かあるはずです。もし、そうでない子がいても、治虫の人生を紹介することで、何か夢中になれることを見つけることの素晴らしさを伝えたいものです。

世を去る最期の瞬間まで漫画にこだわった治虫の生き方から、「本当に大好きなものを見つけることが、本当の幸せなのだ」ということを子どもたちに気付かせ、毎日の過ごし方を考えてくれるように導いていくことが大切です。

考えよう

治虫が学生の頃の漫画家と医者の地位を比べて想像してみよう！

生かそう

自分の得意なことや自分の良いところを考えてみよう！

植村直己《うえむらなおみ》

「夢をもてば、何にだってなれる。」

――夢を次々と実現させた冒険家

一九四一年二月一二日～一九八四年二月一三日

幼い頃から自然が大好きだった植村直己は、日本を代表する冒険家です。直己は、一九四一年（昭和一六年）に兵庫県の農家に生まれました。明治大学に進んだ直己は、「得意なスポーツはないけれど、山登りくらいできるだろう」という理由で山岳部に入りました。ところが、山岳部の合宿ではじめて山に登った直己は、山登りの厳しさを嫌というほど思い知らされました。

「山登りがこれほどきついものだとは知らなかった。体を鍛えなくては」

自分の考えが甘すぎたことに悔しさを感じた直己は、それから毎日重いリュックを背負ってランニングを続けました。そして、一年の三分の一以上を山で過ごし、山の素晴らしさや恐ろしさを学びました。

「おれは、山が好きだ。ただ山が好きだから登るんだ」

大学を卒業した直己は、世界中の山を登りたいと思うようになりました。そして、アルバイトをしてお金を貯めながら、世界中の山に登る冒険を始めたのでした。独りでモンブラン（ヨーロッパ大陸でもっとも高い山で標高四八一〇メートル）に登った時は、クレバス（氷河や雪渓などの深い割れ目）に落ちてしまい、途中で引っかかって九死に一生を得るという経験もしました。しかし、そんな危険な目に遭っても、直己が冒険をやめることはありませんでした。

一九七〇年、直己はついに世界でもっとも高いエベレスト（標高八八四八メートル）の登頂に、日本人ではじめて成功しました。その後も、直己は有名な山々に登り続け、世界の五つの大陸のもっとも高い山すべてに登ることに成功したのでした。しかし、それで満足することはなく、冒険家としての熱い気持ちは、次々と新しい冒険へと直己を駆り立てました。直己には大きな夢があったのです。

「いつか、南極大陸を犬ぞりで横断したい」

南極大陸三〇〇〇キロを犬ぞりで横断するという途方もない夢を実現するために、直己は次々と新しい冒険にチャレンジしていきました。まず、三〇〇〇キロという距離を身体で覚えるために、北海道から鹿児島までを二か月近くかかって歩き通しました。そして、犬ぞりの練習をするために、冬のグリーンランドで三〇〇〇キロの旅をしました。また、犬ぞりで北極点までの冒険にも出かけました。この時は、寝ていたテントがシロクマに襲われましたが、出発して二か月後、直己は、たった独りで北極点まで到達するという、誰もやり遂げたことのない冒険に成功したのでした。この冒険によって、冒険家植村直己の名前は、世界でも有名になりました。

一九八二年、直己は、いよいよ長年の夢であった、犬ぞりによる南極大陸横断への挑戦を決意しました。ところが、運悪く戦争が起きたため、中断しなくてはならなくなりました。

南極大陸横断を延期した直己は、翌年、冬のマッキンリー山（北アメリカ大陸でもっとも高い山で標高六一九〇メートル）に単独で登るという、これまた世界ではじめてという冒険に出ましたが、ここで消息が断たれてしまいました。四十三歳でした。

道徳授業に生かすポイント

「夢をもてば、何にだってなれる。」――不可能と思われていたことを、次々と実現していった植村直己の言葉は、自信をもって日々の生活を送ることができない最近の子どもたちには、ぜひ伝えたい言葉です。

道半ばで消息が断たれてしまった直己ですが、悔いなく生きたのではないでしょうか。子どもたちにも、やると決めたことは、どんなに苦労をしてでもやり通そうという気持ちをもたせたいものです。

子どもに毎日の生活を振り返らせ、一日一日を悔いなく力いっぱい取り組むことの大切さを、直己の生き方から学ばせることができるはずです。

考えよう

直己は、なぜ、次々と新しい冒険に挑戦していったのだろうか？

生かそう

新しいことに挑戦する時、どういう気持ちが必要か考えてみよう！

Column
3

「師」をもつことの幸せ

伝記を読んでいると、偉人たちの中には「偉大な師」をもつ人が多くいて、その師から多くの影響を受けていたことが分かります。伝記に記されていなくても、すべての偉人には例外なく「師」がいたのではないかと、私は考えています。なぜなら、謙虚に学ぶ姿勢のない人が、後に偉人として世に名前を残すほどの人物になれるはずがないからです。

偉人が「師」と慕った人の中には、現在も名前の残る著名な人物だけではなく、父母などの身近な人物、また、今では名前さえ残っていない人物もいたことでしょう。そうした人がどのような人物だったとしても、自分が謙虚になることができ、その人から学びたいと思えるような「師」をもっていたからこそ、偉人たちは後の世に残る偉業を成し遂げることができたのだと思います。

社会に貢献し、世の中に名前をとどろかせた偉人たちですが、不遜で横柄にならなかった理由は、人生の師と出会ったお陰ではなかったかと思うのです。

人は、誰もが、本当に尊敬する人と出会うチャンスをもっています。しかし、その出会いを生かすも殺すも、その人の心持ちにかかっています。前向きで謙虚な姿勢で日々生活していれば、「ここぞ」というチャンスをつかみ取り、師を得ることができるのです。

偉人伝を通じて、子どもたちに、謙虚で素直であることの重要性を学ばせるために、師をもつことの幸せと大切さを伝えていきたいと思います。

第4章

より広く人や社会と関わるために

——みんなの幸せを考えよう

自分が望むのと同じく、他の人も幸せに暮らしたいと願っています。自分だけではなく周囲の人や社会の幸せのために役立つ生き方をすることの尊さを、偉人たちが示してくれています。

聖《しょう》徳《とく》太《たい》子《し》

「和をもって貴しと為し……」——日本に文化の種をまいた伝説の人

五七四年二月七日～六二二年四月八日

聖徳太子が生まれたのは、今から約千四百年以上も前の五七四年のことです。現在の奈良県明日香《あすか》村に生まれました。その頃、新しく日本に入ってきた仏教を信仰する豪族と、古くから日本で祀られてきた神々を信仰する豪族とが勢力争いをしていました。太子が十四歳の時、その二つの豪族の間に大きな戦いが起こりました。そして、この戦いに勝った蘇我《そが》氏という豪族が、天皇をはるかにしのぐ力で政治を行うようになりました。そして、ついに蘇我氏は自分たちの思いのままにならない天皇を殺すほどの力をもってしまったのです。

成人した太子は、殺された天皇に代わって政治を行った女性の推古《すいこ》天皇を補佐して政治を行う職に就きました。太子は、豪族同士の争いを止め、天皇を中心として皆が協力し合う国づくりを目指しました。太子がつくった「十七条憲法」には、「互いが力を合わせることが素晴らしい。意見を十分出し合えばすべてのことがうまくいく」と書いてあります。

また、太子は、日本を大陸の国々に負けないほど進んだ豊かな国にしたいと考えました。太子が日本で活躍していた頃、中国大陸では、隋《ずい》という国が勢力を強めていました。太子は六〇七年、隋との国交を開くために遣隋使を派遣しました。隋の皇帝は、太子の手紙を読んでとても怒りました。手紙には、

「日が昇る国（日本）の天皇が、日の沈む国（隋）の皇帝に手紙を送ります」

と書かれていたのです。自分の国が世界の中心で文化的な国だと考えている隋が、小さな島国の日本に「日の沈む国」と言われたのですから怒るのも無理はありません。それまでの日本は、中国とは家来のような立場で付き合いをしていました。しかし、太子は、大きな隋の国と対等な立場で付き合おうとしたのです。この手紙からは、太子の意気込みが伝わってきます。

太子は仏教を深く学び、大陸の進んだ文化を取り入れながら、豊かな国づくりを目指しました。四天王寺や法隆寺を建てたり、経典を研究した本を書いたりして、日本の文化を発展させようとしました。また、政治にも大陸のしくみを取り入れました。それまでは、家柄によって役人の身分が決まっていました。いくら才能があっても、家柄によってその才能を発揮することができなかったのです。太子は、才能によって役職を決める仕組みまでもつくったのです。

大陸の文化や政治の仕組みを取り入れて、日本に進んだ文化を根付かせようとした聖徳太子ですが、天皇を中心に、平和で豊かな国づくりを進める道半ばで死んでしまいました。六二二年、四十九歳の

人生でした。

道徳授業に生かす ポイント

物質的に恵まれた環境で育ってきたためか、最近は自己中心的な子が増えています。しかし、人間は一人の力では何もできません。周囲の人々の理解と支えがなければ、自分の思うような結果を得ることはできず、夢を実現することもできません。

夢をかなえるためには、人の幸せを喜ぶことのできる気持ちが必要です。聖徳太子は、多くの人々が幸せに暮らせる世の中にしたいという夢をもっていました。そのために大陸の文化を取り入れ、さまざまな政治改革を行ったのです。その過程で、太子は多くの苦難に直面します。しかし、世の中を良くしたいという夢が、太子を支えたのです。

人のために行動することの尊さと、夢をかなえるための強さを、太子の生き方を通して、子どもに伝えたいものです。太子には、「生まれてすぐに言葉を話した」「『南無仏《なむぶつ》』と唱えると掌《てのひら》に仏舎利が出てきた」などの信じ難い伝説が多く残されていますが、それこそが、世の中の幸せを願った太子に対する多くの人々の尊敬の気持ちの表れともいえます。

太子が大切にした「和（互いを尊び協力する）」の精神は、今も日本の優れた文化として脈々と受け継がれていることも、伝えていく必要があります。

考えよう

太子は、日本をどんな国にしたいと願っていたのだろうか?

生かそう

「和の精神」は、学校生活のどのような場面で生かせるだろうか?

北条時宗《ほうじょうときむね》

「莫煩悩（思い悩むことなかれ）。」

――日本の危機を救った指導者

一二五一年六月五日～一二八四年四月二〇日

「莫煩悩（思い悩むことなかれ）」という言葉は、じつは北条時宗の言葉ではありません。北条時宗が尊敬していた無学祖元《むがくそげん》という宋（中国）のお坊さんの言葉で、時宗が心の拠り所にしていた言葉でした。

北条時宗は、今からおよそ七百六十年ほど前、鎌倉幕府で力をもっていた父時頼の子として生まれました。時宗が生まれた頃、中国大陸では、元《げん》という国のフビライ・ハン（クビライ・カアン）という人が、周りの国々を攻めて領土を大きくしていた時代でした。

フビライは、中国にあった宋という国を滅ぼした後、日本も自分の国にしようと考えていました。元は、日本の何倍も大きな国で、戦争もとても強かったので、鎌倉幕府は不安におびえていました。

時宗が十八歳で父の跡を継いで政治を行う頃になると、フビライは何度も日本に使いを送って、日本が元の家来になるように求めてきました。時宗は、「元の手紙は無礼だから、答える必要はない」と、元の使いを追い返しました。

「日本は元の家来にはならない。家来になるくらいなら戦おう」

時宗は、強大な元と戦うことを決心しました。

何度も使いを追い返されたことに腹を立てたフビライは、一二七四年、ついに三万人の大軍で日本に攻めてきました。火薬を使った武器と集団で戦う元軍に、日本の武士たちは次々と倒されていきました。しかし、夜になると、九州を台風が襲いました。船で休んでいた元軍は、台風によって次々と沈んでしまい、元軍は散り散りになって引き上げていきました。

しかし、元軍に勝利したにもかかわらず、時宗の心は沈んでいました。

「今回は台風のおかげで勝てたが、元は今回よりさらに大軍で再びやってくる」

元におびえる時宗に運命の出会いがありました。昔、元に滅ぼされた宋のお坊さん、無学祖元との出会いでした。

「莫煩悩（思い悩むことなかれ）」

無学祖元のこの言葉に、時宗の悩みは吹き飛びました。

「思い悩んでいても仕方ない。できる限りの準備をすれば、結果は必ず出る」

時宗は、無学祖元のこの言葉を胸に、元と再び戦う準備に取りかかりました。

予想通り、元は一二八一年、再び四万の大軍で日本に攻めてきました。ところが、この時も、以前と同じように台風が来て、元の船は沈んでしまいました。

もしも、時宗が戦いをあきらめていたら、日本はどうなっていたのでしょう。二度目の元の襲来から三年後、時宗は三十四歳でこの世を去りました。まるで、日本の危機を救うために生まれてきたような人生でした。

道徳授業に生かすポイント

問題が起こると、それを解決するための努力さえせず、無責任に放り出してしまう子がいます。残念なことに、特に最近は、ほんの些細な責任さえ逃れようとする子が増えているように思われます。

逃げ出してしまえば、その時は楽になるのかもしれません。しかし、それでは何の解決にもならないこと、逃げ癖がついてかえって信用を失ってしまうことを、子どもに教えなくてはなりません。

すべての子が、クラスの中での存在意義や当番・係などの役割に対する責任で悩むことがあるはずです。目の前にある問題に全力で立ち向かうことしか、それを解決する方法はありません。

日本の危機という大きな問題から逃げることなく、全力で取り組んだ時宗の責任感と誠実さを、子どもに伝えたいものです。

考えよう

時宗が元の言いなりになっていたら、どうなっていたのだろうか?

生かそう

クラスで問題が起きた時、解決するために何が大切か考えてみよう!

平《ひら》賀《が》源《げん》内《ない》

「良薬は口に苦く、出る杭は打たれる習ひ。」

――世間を驚かせた江戸の発明家

一七二八年（伝）～一七八〇年一月二四日

平賀源内は、今から三百年ほど前、現在の香川県に、身分の低い武士の子として生まれました。その頃の日本は、生まれた家柄が大切にされる時代でした。少年の頃から勉強が得意だった源内は、身分が低い分、学問で偉くなることを目指しました。そしていつの頃からか、「天狗小僧」と言われるほど賢くなっていきました。また、掛け軸の絵に細工をして絵を動かすなど、人々を驚かせるような発明が大好きな少年でした。

殿様に学問の才能を認められた源内は、薬草（薬をつくる草木）の世話係を命じられました。そして、二十五歳の時、殿様の命令で、長崎に薬草の勉強に行くことになりました。長崎は、その頃、ヨーロッパの文化を学ぶことができるただ一つの場所でした。源内は、地球儀や望遠鏡、ワインなどの珍しい品々を見て驚きました。そして、オランダ語や草木の学問、医学など、外国の新しい学問を張り切って勉強しました。

長崎から故郷に帰ってきた源内は、長崎で見たオランダの品を思い出しながら、方位磁針や万歩計などをつくって人々を驚かせました。しかし、「身分が低いくせに、いい気になるなよ」と、源内を妬む人々も多くいました。窮屈な故郷に嫌気がさした源内は、二十九歳の時、家をいとこに譲り、江戸（東京都）に出ることにしました。江戸に出た源内は、日本各地の薬のもとになる草木や虫、動物や石などを集めて、研究を進めました。そして、二千種類以上もある薬の標本を本にまとめました。源内の本は、病気の治療や予防で人々に役立ちました。

また、源内は、本屋のすすめで小説を書くことになりました。源内の書いた小説は、江戸の人々の間で大評判になりました。

「世間に役立つことをしよう」

自分が書いた薬の本や小説が人々の役に立っていることを知った源内は、人々のために役立つものをつくることにしました。例えば、ガラスの管に赤く染めたアルコールを入れて温度を計る器械（温度計）や、石綿を絹と一緒に編み込んだ燃えない布なども源内の発明です。

四十三歳になり再び長崎に行った源内は、オランダで医療器具として用いられているエレキテル（摩擦起電器）を見つけました。源内は、壊れているエレキテルの器械を譲ってもらい、江戸に持って帰りました。器械を分解して、その仕組みを研究し、自分の手で修理してしまいました。エレキテルは大評判になり、源内は「エレキ先生」と呼ばれて江戸の人々の人気者になりました。

源内は、五十二歳で亡くなりましたが、身分に縛られる時代に生まれたために、十分に才能を発揮することができませんでした。「今の世には早すぎた天才」と、当時の有名な人々は源内を尊敬しました。

道徳授業に生かすポイント

身分や不自由なきまりのある時代に生まれた平賀源内でしたが、人々の妬みや不自由なきまりと戦いながら、何とか自分の才能を生かし、社会に役立てようと挑戦し続けました。

最近の子どもたちの中には、「人より目立たないでおこう」と、良いことであるにもかかわらず、突出することを避ける子がたくさんいます。突出した才能の人は、妬まれて妨害され、いじめられると考えている子が多いという証拠です。人より目立ってはいけないという考え方こそが、今の子どもたちを陰湿ないじめに走らせてしまっているのだと思います。幸い、子どもたちは、自分の才能を発揮することができる社会で生きています。平賀源内の生き方を学ばせることにより、自分の得意なことを見つけ、努力して才能を伸ばし、さまざまなことに挑戦することが、クラスに対する親しみの気持ちを高めることにもつながることを伝えていきましょう。それが、将来的に、より良い社会づくりに参加していこうとする意識を支援することにもなります。

新しい物を発明する時、源内は、どんなことを考えていたのだろうか？

係や当番など、自分の役割で工夫できることを考えてみよう！

勝《かつ》 海《かい》 舟《しゅう》

一八二三年三月一二日～一八九九年一月一九日

「その人がどれだけの人かは、人生に日が当たっていない時にどのように過ごしたかで図れる。」

——広い心で日本を救った風雲児

勝海舟は一八二三年、江戸本所亀沢町（東京都墨田区）で、貧乏な旗本（将軍直属の家臣）の家に生まれました。幼い時は麟《りん》太《た》郎《ろう》という名前で、剣術の得意な父親の考えで、江戸で一番と言われていた島《しま》田《だ》虎《とら》之《の》助《すけ》の道場で剣術を学びました。島田虎之助は、剣術だけではなく学問に優れた先生でした。麟太郎は、島田先生の教えを忠実に守り、剣術だけではなく禅を学んで、自分の心を鍛えていったのです。「危機を切り抜けてきた勇気と肝っ玉は、剣術と禅学の二つに養われた」と、海舟は後に言っています。

麟太郎が剣術と禅を学んでいる頃、アメリカやロシアなどの強い国々が、貿易を求めて日本にやってくるようになりました。日本の中は、「外国を打ち払え」と言う人、「国を開いて世界の進歩に追いつけ」と言う人、また、「幕府を倒せ」という考え、「幕府の仕組みを守ろう」という考えなどで混乱していました。麟太郎は、島田先生のすすめで、将来国の役に立てるようにと、オランダの学問（蘭学）を学ぶことにしました。二十一歳からのおよそ十年間、麟太郎は、蘭学に詳しい人を尋ね歩いたり、六十巻近くもあるオランダの書物を写したりして、西洋の兵学一筋に打ち込みました。

一八五三年、麟太郎が海舟と名前を変えた年、アメリカのペリーが黒船（軍艦）で日本に開国を迫ってやってきました。幕府は、西洋の兵学で有名だった海舟に意見を聞きました。幕府は、海舟に、長崎で全国から集まった海軍の訓練をするように命じたのです。海舟が海軍の訓練をしている間にも、西欧の強い国々は、日本に開国を迫っていました。

三十七歳の時、海舟は江戸に戻されて、海軍操練所の学長になり、若者たちに航海術や軍艦の操作などを教えることになりました。そして、一八六〇年、海舟が三十八歳の年に咸臨丸《かんりんまる》という軍艦の艦長として、日本人だけの操縦でアメリカまで航海することになりました。途中で嵐に遭ったり、仲間内の喧嘩があったりとたいへんな苦労の末、サンフランシスコに到着した海舟は、造船所や病院、劇場や印刷所などの建物、議会や商売の仕組みなど、日本では考えられない文化に驚かされました。それによって、西洋の進んだ文化を学び、日本を豊かにしながら強くしていかなくてはならないと考えるようになった海舟の思いは、坂本龍馬にも影響をあたえ、さらには後の新しい日本をつくる上でも大きな影響をあたえていくことになります。

幕府が天皇に政権を返した翌年の一八六八年、幕府の力を完全に潰してしまおうと考えていた新政府と旧幕府との間で戦いが起こりました（鳥羽伏見《とばふしみ》の戦い）。そしてその後、戦いに敗れて江戸に戻

人々から愛され、尊敬されました。

この頃、薩摩藩と長州藩《ちょうしゅうはん》（山口県）は、欧米の国々と戦い、その強さに驚愕していました。そして、隆盛は、幕府を倒して新しい日本をつくること以外、日本を守る方法はないという考えを強くしていったのです。隆盛は、薩摩藩の政治の中心となって長州藩と一緒に幕府を倒しました。一八六七年、明治の世が始まると、隆盛は新しい政府の中心となり、強い日本の国づくりを目指してさまざまな改革を行っていきました。しかし、政府の中で意見が食い違ったため、隆盛は職を辞し、鹿児島に帰ることにしました。鹿児島に帰った隆盛は、畑仕事や狩りをしてのんびりと暮らしながら、未来の日本を背負う若者のために学校をつくりました。

隆盛が政府を辞めた後、全国各地では、自分たちの権利を失った武士たちの不満が大きくなりました。その影響が鹿児島まで広がり、政府は鹿児島にある武器を取り上げようとしました。隆盛の生徒たちは怒りました。隆盛は、今はまだ戦う時ではないと考えたのですが、怒った生徒たちは勝手に政府の武器倉庫を襲ってしまいました。

「今、戦うのは間違っている。しかし、今、彼らを見放すことはできない」

隆盛は、この時も勝ち負けや自分の命よりも、自分を慕っている生徒たちの気持ちを受け止めたのです。最後まで勇敢に戦った隆盛たちでしたが、最新の武器と圧倒的な人数の政府軍によって、追い詰められていきました。

「もう、ここらでよか」

そう言って、隆盛は四十九年の命を閉じました。

メンツや地位、自分の命をも顧みず、ひたすら日本のため、人の気持ちのために動いた西郷隆盛。その生き方は、今でも多くの人々から尊敬されています。

道徳授業に生かすポイント

口では立派なことを言うけれど、行動がまったく伴わないという子は、少なくありません。道徳の授業では「いじめはいけない」「人に優しく」などと正論を述べていても、日頃の行動がまったく伴っていない場合がよくあります。そのような実態を取り上げながら、口先だけで行動に移すことができない場合は、実行することがどれほど難しいことなのか、日頃から子どもたちに感じさせておくことが必要です。

西郷隆盛は、「人に優しい」行動を言葉ではなく、身をもって実行することのできる人でした。「人に優しくする」というのは、とても美しい言葉です。しかし、実際に人に優しくすることは、とても難しいことです。時には、嫌われ者にならなければなりません。自分が損をしなくてはならない場合もあります。自分が強くなくては、人に優しくはできないのです。

子どもたちに、西郷隆盛の、自分に恥じない生き方を紹介することで、言葉だけではなく、友だちのことを考えた行動をする強さと勇気をもたせたいものです。

考えよう

負けると分かっていて、なぜ、隆盛は戦いを始めたのだろうか?

生かそう

あなたが果たさなくてはならない「義務」について、考えてみよう!

福《ふく》澤《ざわ》諭《ゆ》吉《きち》

「天は人の上に人を造らず人の下に人を造らず。」

——勉強の大切さを広めた先生

一八三五年一月一〇日～一九〇一年二月三日

福澤諭吉は、一八三四年、身分の低い武士の子として大阪で生まれました。
諭吉が三歳の時に父が亡くなり、中津（大分県）に移り住んで少年時代を過ごしました。殿様の名前が書いてある紙や神棚のお札《ふだ》を足で踏んでバチが当たらないことを確かめるなど、諭吉は自分で納得できないことは実際に試してみないと気がすまない少年でした。勉強は大嫌いでしたが、母から、死んだ父が諭吉に学問をさせたかったという話を聞いてからは、心を入れ替えて熱心に勉強に励みました。塾に通い、夢中で勉強をするうちにどんどん成績を上げていきました。

勉強を続けるうちに、諭吉は古い掟や身分に疑問を抱くようになりました。成績や努力に関係なく、家柄や身分によって分け隔てされることが許せなかったのです。

二十歳の頃、アメリカの黒船が浦賀（神奈川県）に現れました。日本は国を守るため、オランダの学問が盛んになりました。諭吉は働きながらオランダの学問を勉強しました。大阪では緒方洪庵《おがたこうあん》という先生の「適塾《てきじゅく》」で学び、塾にある本を全部読んでしまうほど勉強しました。寝る間も惜しんでオランダ語を勉強した甲斐があり、諭吉は適塾の塾長になるほどでした。

一八五四年、日本は西洋の国々と条約を結んで開国しました。新しく開けた横浜を見て歩いた諭吉は、衝撃を受けました。苦労して学んだオランダ語が役に立たないことが分かったからです。この時はさすがに落ち込みましたが、気持ちを立て直し、次の日から英語の猛勉強を始めました。

懸命に勉強を続けた諭吉は、幕府の通訳としてアメリカとヨーロッパに行きました。欧米の進んだ技術や考え方に触れた諭吉は、

「日本は西洋の文明を取り入れなければならない」

と強く思うようになりました。そして、未来を担う若者を育てるために、教育者になろうと考えるようになりました。

一八六七年、日本は明治の新しい時代になりました。

「日本を平和で進んだ文明国にしなくてはならない。そのためには、若い人々に、西洋のことを知ってもらう必要がある」

諭吉は、「慶應義塾《けいおうぎじゅく》」をつくり、若者たちに西洋の新しい学問を教えました。そして、本をたくさん書いて世の中に新しい考えを広めました。

新しい政府は、諭吉の考えを参考にして、西洋の文明を取り入れて政治を行うようになりました。

そして、諭吉に政府の役人にならないかと頼みにきたり、諭吉を称えて表彰したりしようとしました。しかし、諭吉は一切これらを断り続けました。日本にとって必要と思うから教育するのであり、好きだから学問をするという考えを貫いたのです。

一九〇一年、日本に自由と民主主義の考え方を広めた福澤諭吉は、二十世紀を待つようにして亡くなりました。

道徳授業に生かすポイント

身体の大きさや容姿など、自分ではどうにもならないことを理由にした差別的な言動やいじめなどの問題が起きる場合があります。子どもたちには、『学問のすゝめ』に表されている、「天は人の上に人をつくらず、人の下に人をつくらず。」という諭吉の有名な言葉について考えさせることが必要です。平等で差別のない社会を目指すためには、クラスという社会の中でも、子どもたちが互いを認め合い、尊重し合う関係づくりを行うことが必要です。そして、そのことを、実際の学校生活の中で、事実をもって感じさせることが大切です。

そのためにも、日頃から、他の子が嫌がることでも地道に努力して行っているような子にスポットを当てられる教師でありたいものです。

考えよう

諭吉が、書物や学問を通して人々に伝えたかったことは何だろうか?

生かそう

クラスの一員として、自分にできることは何だろうか?

坂本龍馬《さかもとりょうま》

「世の人は　我を何とも言はば言へ
我がなすことは　我のみぞ知る。」

——自由な発想と高い志で駆け抜けた英雄

一八三六年一月三日～一七八〇年一二月一〇日

一八三六年、土佐（高知県）の地に坂本家の末っ子として生まれた龍馬は、泣き声も小さく弱々しい子でした。母親を亡くした十二歳の頃までは、鼻水を垂らしてぼうっとしている泣き虫の少年でした。そんな龍馬をかわいがったのは姉の乙女《おとめ》でした。乙女は、弱虫の龍馬の中に大きな人間の魅力を感じていました。後に、達人の技を修める剣術も、乙女が龍馬に教え始めたものでした。

本格的に剣術を習い始めた龍馬は、「井《い》の中の蛙《かわず》」になってはならないと、江戸（東京都）に行って修行に励みました。そんな時、龍馬の人生を大きく変える事件が起こりました。一八五三年、ペリー率いるアメリカの軍艦（黒船）が浦賀《うらが》（神奈川県）にやってきたのです。龍馬は、侵略されそうになっている日本のために何ができるのか、悩みながら剣の修行を続けました。

その後、土佐に帰った龍馬は、桂浜で太平洋を眺めながら、己の小ささを感じ、もっと大きな世界で生きてみたいと決心しました。

この頃、日本では、幕府を倒す運動が始まり、各地で争いが起きていました。

龍馬も、新しい日本をつくるには、幕府を倒して新しい政府をつくるしかないと考えていました。そのためには、薩摩《さつま》（鹿児島県）と長州《ちょうしゅう》（山口県）という力の強い二つの藩を結びつけることが必要でした。龍馬は、「亀山社中《かめやましゃちゅう》」という日本最初の会社をつくり、この会社を仲介にして、互いの藩が必要な物を売り買いすることで協力関係を築いていこうと考えました。しかし、敵対していた両藩は、互いのメンツにこだわり、同盟はなかなか進みませんでした。

「互いのメンツを捨ててくれないか。日本の将来を考えてのことです」

龍馬の必死の説得により、不可能と言われていた薩長同盟《さっちょうどうめい》が結ばれました。

薩摩と長州は、幕府と戦争するつもりでいましたが、龍馬は戦争をしないで日本をまとめなくてはならないと考えていました。会社をつくって日本を豊かにし、海軍をつくって国を守ることが日本に必要だと考えたのです。そのためには、日本人同士で争っていては駄目なのです。

龍馬は、「幕府が天皇に政権を戻す」「新しい政府に二つの議会をつくる」「優れた者が身分に関係なく政府の仕事につく」などの案をつくりました（船中八策《せんちゅうはっさく》）。戦争を避けたいという龍馬の願いは、大政奉還《たいせいほうかん》（将軍が天皇に政権を返す）によって実現されました。

大政奉還の後も、龍馬は、日本を世界に通用する国にするための政治の進め方や、日本を豊かにする方法を考えました。自分も「海援隊」という会社をつくって、世界に飛び出していこうと考えていました。しかし、こうした新しい考え方に大きく反対する者は大勢いました。龍馬は、志半ばにして何者かに殺されてしまったのです。三十三歳のことでした。一八六七年、新しい時代がすぐ目の前に開ける直前のことでした。

道徳授業に生かすポイント

特に最近の子は、人の噂や周囲の評価を気にしすぎて、自分が正しいと思ったことを実行することができません。自信をもち、やるべきことを行動に移すことのできる「強い個人」が集まってこそ、人に優しく、互いを高め合うことのできる集団になります。

子どもたちを強くするために、やらなければならないことを最後までやり通す経験を積ませるように指導する必要があります。その積み重ねが、子どもの自信につながり、強さにつながります。自分を信じることができれば、周りの評価は、あまり問題ではなくなっていきます。

小事にこだわらず、大きな視野で物事を見据える広い心で、新しい日本の夜明けを信じて道を進んだ坂本龍馬。龍馬の生き方から、人の本当の強さと、優しさを学ばせ、社会の一員としての資質を高める一助としましょう。

考えよう

龍馬は、なぜ幕府と薩長との戦争を避けたかったのだろうか?

生かそう

「公平・平等」とはどういうことなのか、具体的に考えてみよう!

高《たか》杉《すぎ》晋《しん》作《さく》

「おもしろき　こともなき世を　おもしろく。」

――大きな視野で未来を見据えた改革者

一八三九年九月二七日～一八六七年五月一七日

今から百七十年ほど前、萩（山口県萩市）で生まれた高杉晋作は、身分の高い武士の子として生まれましたが、幼い頃から世間の常識にとらわれることの嫌いな少年でした。晋作は、気が強く負けず嫌いで、剣術にも学問にも人一倍努力して並外れた力を身につけていきました。

しかし、晋作は、努力すればするほど、世の中がつまらなく感じてしまい、やたらと人に当たり散らして乱暴するようになっていきました。

そんな晋作に、人生を変える出会いがありました。吉田《よしだ》松陰《しょういん》との出会いでした。松陰は、欧米諸国によって日本が危険にさらされていることを知り、日本の未来のために活動している人でした。

晋作は、身分の別なく生徒を教えていることや、政治や西洋についての松陰の知識の深さに魅力を感じ、松陰の塾（松下村塾《しょうかそんじゅく》）で学ぶことにしました。

「町民や農民の中にも、学問に熱心で、日本のことを考えている者が大勢いる」

晋作は、松陰の塾で、学問のおもしろさを知り、人を見る目を養いました。そして、松陰が考えるように、「西洋の優れたところを取り入れて、文明国として独立しなければならない」と思うようになりました。

晋作が二十一歳の時、幕府の考えに反対する人々が捕らえられて処刑されるという出来事（安政《あんせい》の大獄《たいごく》）が起こりました。晋作の先生である吉田松陰も捕らえられて処刑されてしまいました。松陰の死を知った晋作は、激しい怒りと悲しみを覚えました。しかし、晋作は決意しました。

「もうすぐ、日本にとって大切な時が来る。今は我慢して先生の志を継ごう」

二十三歳になった時、晋作は藩の命令で中国に行きました。そこで、晋作は、中国人が西洋人に召使いのように扱われている姿を目にしました。

「何ということだ。日本を中国のように惨めな状態にしては絶対にならない」

晋作は、日本を強くして、自分たちの力で、西洋から日本を守らなければならないと悟りました。そして、日本を中国と同じようにしないために、日本を守る力のない幕府を倒して新しい政府をつくろうと決心しました。晋作は、外国の最新の武器と闘うために、町民や農民を訓練して強い軍隊をつくろうと考えました。晋作のつくった軍隊は、「奇兵隊」と呼ばれ、その後、幕府を倒す時に大活躍しました。晋作の奇兵隊《きへいたい》は、幕府軍を次々と打ち倒していきました。幕府の負けは決定的になり、世間の人々も、幕府の世が終わりを告げたことを感じました。

ところが、新しい日本の夜明けがもうすぐ来るという時、晋作は病に倒れてこの世を去ってしまいました。幕府が倒れ、新しい日本が動き出したのは、晋作が死んで、半年後のことです。高杉晋作、二十九年の激しい人生でした。

道徳授業に生かすポイント

目標をもって勉強することがなく、何をするにもやる気の感じられない子が多くいます。それは、子どもたちが、「人の幸せは、人の役に立つことにある」という視点をもてないことに一因があります。

利己的で自分勝手な考え方で生活していれば、当然、人から感謝されることはなく、信頼されることもありません。人は人から認められることにこそ、大きな喜びを感じます。人間関係が希薄になってしまった今の子どもたちには、「利他主義」「人に与え施す」という考え方を知らないのです。「おもしろき こともなき世を おもしろく（すぎなすものは　心なりけり）」と、わずか二十九年の命を、将来の日本のためにと力の限りを尽くした高杉晋作の生き方は、「自分の人生を充実して送るためには、心のもち方が大切なのだ」という、大切なメッセージを子どもたちに伝えてくれています。

人々の幸せのため、社会のために、夢や希望を心にもって生活していれば、充実した楽しい毎日を送ることができるのだと、晋作の生き方を通して子どもに伝えたいものです。

考えよう

師匠の松陰が死んだ時、晋作はどんな決心をしたのだろうか？

生かそう

友だちやクラスのために、今、自分がやれることを考えてみよう！

Column 4

人の喜びを自分の喜びにする

偉人たちは、自分の行いが、世のため人のためになることを目的にして生きました。松下幸之助や本田宗一郎などは名を成し財を成しましたが、それは、日本や世の中の人々を幸せにしたいという強い信念で仕事に取り組み、その結果、成功したともいえるでしょう。

もちろん、自分個人の幸福を追求することも大切です。それに加えて、充実感や幸福感はさらに高まることでしょう。「人のために何かをする」「人の役に立つ」ことに喜びや充実感を感じることは、人間に本能として備わっているものなのだと思います。

ところが、戦後の教育は、個人の幸せを追求することに重点が置かれてきました。「滅私奉公」や「社会奉仕」などという言葉が敬遠された時代が長く続きました。その結果、今どきの若者（子ども）たちは、「自分さえ幸せならいい」「自分が得をすることが一番」と考える傾向が強くなってきたように思われます。

物質的に豊かになり、何不自由ない生活をしているにもかかわらず、幸福感を得る感覚のない現代の子どもたちは、人の役に立つことや人と一緒に喜ぶことが、自分にとって最高の喜びであることを経験する機会がないのかもしれません。偉人伝を通して、人の喜びを自分の喜びとすることの大切さを、伝えていかなくてはなりません。

第5章 いのちや自然、崇高なものと関わるために

――「生かされている」と謙虚になろう

美しさに感動する心や、人知を超えたものに対する畏敬の念が、謙虚で誠実で恥じることのない生き方につながると、偉人の生き方が物語っています。

行基《ぎょうき》

「母上の乳房への恩に、今私は報いることだ。」

——民衆を救って歩いた高僧

六六八年～七四九年二月二三日

行基は、今から千三百年ほど前、今の大阪府堺市に生まれました。その当時の堺は、中国や朝鮮半島から新しい文化が入ってくる場所で、行基の祖先も朝鮮半島の百済《くだら》という国から渡ってきた人でした。十四歳の時に出家してお坊さんになり、仏教を学びました。また、ため池や橋をつくるための新しい技術も勉強しました。

行基が活躍していた頃は、平城京《へいじょうきょう》（奈良県）に都ができて、中国や朝鮮だけではなく、インドやヨーロッパの品々も都に入ってくる華やかな時代でした。しかし、華やかな暮らしをしていたのは、一部の貴族だけで、多くの農民たちは、苦しい生活をしていました。

そこで行基は、農民たちを救うために全国を巡って、農業用のため池をつくったり、川に橋を架けたりして、農民たちの生活を救いました。また、仏教の教えを農民たちの間にも広めることにも努力しました。行基がやってくると、どこでも大勢の人々が、行基の話を聞くために集まってきました。仏教のありがたい教えを説き、ため池や橋をつくってくれる行基の行動は、農民たちにはとても喜ばれました。

しかし、朝廷（その頃の政府）にとっては目障りなものでした。当時の仏教は、貴族など一部の人だけが学ぶことを許されたものでした。行基は、仏教の素晴らしい教えを多くの人々に広めることによって農民たちの苦しみを救おうと考えたのですが、一般の人々に仏教を教えることは禁止されていたのです。また、朝廷は、行基に弟子入りをする農民が増えて、農民たちが田畑を捨てて農業をしなくなったり、行基の力が強くなったりするのを恐れたのでした。

朝廷は、行基のことを、

「国のきまりに従わない、とんでもない坊主だ」

と言って、何度も何度も行基が仏教を広めて回ることを禁止しました。

朝廷からの厳しい命令にもくじけることなく、行基は弟子たちと一緒に全国巡りを続けました。ため池や橋をつくり、仏教を広めることが、多くの人々を救い、世の中のためになると信じていたからでした。

そんな行基の行いは、徐々に朝廷に認められるようになり、ついには進んで世の中を良くするために協力するよう頼まれるまでになりました。この頃、日本のあちこちで争いや反乱が起き、そのうえ飢饉《ききん》も発生し、都では天然痘《てんねんとう》という恐ろしい病が流行して大勢の人々が死んでいきました。

天皇は、大仏をつくって、国の平和を願うことにしました。行基は、全国を回って大仏をつくるための寄付集めに協力しましたが、大仏が完成する前の七四九年に亡くなってしまいました。

道徳授業に生かすポイント

子どもに限ったことではありませんが、自分が損をすることを好む人はいません。特に、最近の子どもは「何としても自分が得をしたい」と、傍から見ると自分勝手な行動をとる子が増えてきているようです。おそらく、クラスの中にも思い当たる子がたくさんいるはずです。

しかし、自分ばかりが得をしようとすれば、周囲との軋轢が生まれ、喧嘩になったり嫌われたりしかねません。母親が子どもを思う気持ちのように、損得なく人のために行動することができたら、何と素晴らしいことでしょう。

損得のない行いを実行しようとした行基の生き方から、真に美しい生き方について考えさせることができます。実際、行基のような行動をすることは難しいことですが、人の立場に立って物事を考えることの大切さについて、日頃から考えさせ実行させるように指導する必要があります。

考えよう

苦しんでいる農民たちを見て、行基は何を思っただろうか?

生かそう

行基の生き方で、「すごい」と思うことを出し合おう!

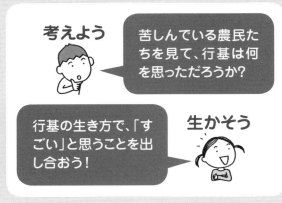

一休《いっきゅう》

「この道をいけばどうなるものか危ぶむなかれ、危ぶめば道は無し。」

――本当の幸せを問い続けた僧

一三九四年二月一日～一四八一年一二月一二日

とんちで有名な「一休さん」を知っていますか。一休さんは実在した人物です。和尚さんの大切な茶つぼを割った時、かつて和尚さんが「毒だ」と言って隠しておいた水飴を食べて、「大切な茶つぼを割ったので、死のうと思って毒（水飴）をなめました」と、やりこめてしまった話は有名です。他にも、「橋を渡るな」と書かれた看板を見て橋の真ん中を渡った話や、将軍義満《よしみつ》に「屏風の虎を退治せよ」と命ぜられて「虎を屏風から出してください」と言い返した話など、よく知られています。

このように、「一休さんのとんち話」はたくさん伝えられていますが、一休さんはどんな時代にどんな人生を生きた人なのでしょう。

一休は今から約六百年前、足利義満が金閣寺を建てた頃、京都で生まれました。一休の父は天皇と言われています。母は一休が政治の争いごとに巻き込まれないように、幼い一休をお寺に入れました。安国寺というお寺で修行することになった一休は、一番年下でしたが、とても賢く、自分で物事を考える子でした。有名な「とんち話」が生まれたのは、この頃のことです。

一休は、十二歳で安国寺を出て、京都のいろいろな寺で修行をしました。口では偉そうなことを言っても行動が異なる僧や、出世や金儲けだけを考えている僧の姿をたくさん見て、一休は落胆し、そして、決心をします。

「仏の教えを必要としている、本当に困っている貧しい人々の心を救おう」

一休は、本当の仏の教えを学ぶために、謙翁《けんのう》という和尚を慕って、西金寺《さいこんじ》という貧しい寺で修行しました。厳しい修行の中で、一休は謙翁からさまざまなことを学び、心を鍛えていきました。その後、師の謙翁が亡くなると、祥瑞庵《しょうずいあん》という寺で華叟《かそう》和尚に学びました。一休という名は、この華叟和尚からもらったものです。

寺での修行を終え、都で暮らし始めた一休は、ある日、偉い僧の法事に出席しました。きらびやかに着飾っている僧の中で、一休だけは粗末な着物で出席しました。一休が大切にしたのは、見せかけや出世の欲を捨てることでした。人には理解できない行動のため、「変わり者」と言われた一休ですが、それでも多くの人々から慕われました。一休は、身分や地位に関係なく、自分を慕ってくる人を弟子にしました。また、都だけではなく、旅に出て教えを説き、人々を救う活動をしました。

「苦しむ人々の心を救いたい」

一休は、そう願いつつ、八十八歳でこの世を去っていきました。世の中は、次第に乱れていき、武士が争う戦国時代を迎えようとしていました。

道徳授業に生かす ポイント

お金さえあれば、ほしい物が手に入る豊かな世の中です。おいしい物を食べ、高価な服で着飾りたいと思う人は多いでしょう。便利で豊かな社会で生活している現在の日本の子どもたちにとって、「物質的な欲求を満たすことが幸せである」という考え方は、何の抵抗もなく受け入れることのできるものでしょう。

しかし、人間の欲求はきりがないものであり、また、物質的な欲求は永続的な満足感ではなく、ほんの刹那な幸せや満足感しかあたえてくれません。

どんなに豊かな暮らしをしても、満足する心がなければ幸せとは言えないことを、幼いうちに教わり、心から理解することができるように一生をかけて努力する必要があります。そうであるにもかかわらず、今の子どもたちは、「本当の幸せ」とは何なのかを、真剣に考える機会に出合うことさえありません。

「人は見かけではなく、中身が大切なのだ。見かけにごまかされてはいけない」

「仏は、自分の身体の中にいる。極楽は、自分の身体の中にある」

一休の生き方は、豊かな物に囲まれている現代の私たちに、忘れてはならない大切なことを訴え続けています。

考えよう

一休が考える「本当の仏の教え」とは、どんなことなのだろうか？

生かそう

「心を救う」とは、どういうことなのか考えてみよう！

吉田松陰《よしだしょういん》

「至誠にして動かざるものは、未だこれ有らざるなり。」

——新しい日本の指導者を育てた先生

一八三〇年九月二〇日～一八五九年一一月二一日

一八三〇年、長州藩松本村（山口県萩市）に生まれた吉田松陰は、幼い頃から、父親に武士としての大切な考え方を教えられながら育ちました。松陰は五歳の時、叔父である吉田大助の家に養子に出されて吉田家の跡取りになりました。吉田家は、長州藩の藩校（学校）明倫館《めいりんかん》で、軍事の学問（山鹿《やまが》流《りゅう》兵学《へいがく》）を教える役目をもっていました。

「おまえは、吉田家の当主で山鹿流の師範《しはん》になる身だ。私が厳しく教える」

叔父は、松陰に武士の道を徹底的に教えました。松陰の、己を捨てて国のために尽くす気高い精神は、幼い頃からの厳しい教育によって形づくられたのです。松陰は、わずか十歳で明倫館の学生を教えるようになり、ついに殿様に講義をするまでになりました。

その頃は、ロシアやアメリカの船が現れ、日本が外国に侵略される危険があった時代でした。二十一歳になった松陰は、藩や日本を守らなければならないと考え、全国を回って国を守るための勉強をしました。その頃、「日本を外国から守る」という同じ志をもつ友人と出会い、東北を見て回る約束をしました。ところが、役人の手違いで、長州藩から旅の許可が出なくなってしまいました。

「たとえ死罪になっても約束を守るのが武士の道だ」

松陰は、脱藩《だっぱん》（藩を抜けること）して友人と約束した東北行きを実行しました。死罪の恐れがあっても、一つの約束を守ることを大切にしたのです。

アメリカから黒船が来航し、いよいよ日本の危機を感じた松陰は、「誰かが外国に行って、進んだ技術を学ぶしか日本を守る方法はない」と、国のきまりを破る危険を覚悟で黒船に乗り込もうとしました。しかし、これに失敗した松陰は、日本の危機を幕府に説明するために自首して、牢獄《ろうごく》に入れられてしまいました。松陰は、牢の中でも日本の危機を訴えました。松陰の堂々とした態度と広い見識に、囚人や番人は、松陰を尊敬するようになり、牢獄で、松陰を先生とした勉強会が開かれるようになりました。

その後、牢獄を出た松陰は、家でも勉強会を始めました。物置小屋を改装した粗末な小屋で、松陰は将来の日本を背負う若者を育てました。ここは、松下村塾《しょうかそんじゅく》と名付けられ、身分に関係なく、生徒の個性と能力に応じた教育が行われました。

未来を担う若者を育てていた松陰でしたが、幕府を批判する人々を捕らえる方針（安政《あんせい》の大獄《たいごく》）が出されると、再び牢獄に入れられてしまいました。

「武士が日本の危機になぜ死ねないのか。命を捧げる者がなぜいないのか」

松陰は幕府の厳しい取り調べの中でも、日本の危機を訴え、日本の未来について意見を言い続けました。松陰の願いは、幕府に受け入れられず、死刑にされてしまいました。自分の気持ちに誠実に生きた三十年間でした。

松陰の志は若者たちに受け継がれ、後に新しい明治の世をつくる原動力となったのでした。

道徳授業に生かすポイント

必ず子どもに身につけさせたい力の一つに、「自律の力」があります。自分が決めたことは怠け心に負けずにやり遂げ、やってはならないことを誰かに注意されるのではなく、自分で律していく力です。

松陰は、自分の気持ちに誠実に生きた人でした。自分に嘘をつかない生き方は、とても難しいものですが、大切なことであると、子どもに伝えなくてはなりません。そして、自分の気持ちを裏切らない行動をすること、理想の生き方を実際に行動で示すことができる人が崇高な人であり、日頃から目指すべきことだと伝え続けなくてはなりません。日本を救うために命を投げ出した松陰の生き方から、「誠実で強い生き方が、どれほど難しくどれほど尊いか」ということを子どもたちに伝え、「美しい生き方」について考えさせる機会にしましょう。

考えよう

松陰にとって、「約束」とはどういうものだったのだろうか？

生かそう

理想と実行を一致させることがどれだけ難しいか、考えてみよう！

田中正造《たなかしょうぞう》

一八四一年一一月一五日～一九一三年九月四日

「真の文明は　山を荒らさず
川を荒らさず　村を破らず
人を殺さざるべし。」

――命をかけて公害と闘った国会議員

今から百八十年ほど前、下野国《しもつけのくに》（栃木県）の名主（現在の町長）の家に生まれた田中正造は、十七歳の若さで父親の跡を継ぎました。正造の生まれた村の人々は、殿様の勝手なふるまいに困っていました。正造は、村の代表として、殿様に行動を改めてもらおうと何度も要求を出しました。この時代に殿様に反対するということは、普通なら命を奪われるほど危険なことでした。正造は、それがもとで牢屋に入れられるどころか、村から追い出されてしまいました。このように、正造は若い頃から、村人たちのためなら、自分の身が危なくなってもかまわないと考える人でした。

　時代が明治に変わると、正造は全国で高まってきた「自由民権運動」という、人の自由と権利を求める運動に参加するようになりました。そして、四十歳の時、栃木県の議員になりました。県の議員になった正造は、渡良瀬川《わたらせがわ》の公害問題に取り組むようになりました。渡良瀬川の上流にある足尾銅山で、銅を採掘する時に出る毒が川に流れて、下流の水田に害をおよぼしていたのです。この足尾銅山の公害は、「日本で最初の公害問題」と言われるほど、重大な出来事でした。

「国会で、直接政府に訴えるしかない」

選挙に当選して国会議員になった正造は、国会で鉱毒問題を取り上げて政府に迫りました。しかし、政府は、何の対策も考えてくれませんでした。

足尾銅山は、国にとって大切なものでした。日本は、銅を外国に売ったお金で軍艦や大砲などの武器を買い、アメリカやヨーロッパの国々に負けないような、戦争が強い国を目指していました。政府は、人の命よりも、国の発展に欠かせない銅を大切にしたのです。

一八九六年、渡良瀬川で二度も洪水が起こり、下流にある村々は大きな被害を受けました。正造は、被害を受けた人々の相談にのり、国会で政府に厳しく迫りました。それでも、政府の反応はありません。

「足尾銅山で銅を採掘するのをやめさせろ」

村人たち数千人と一緒に、被害の様子を訴えるために東京に行った正造でしたが、警官隊に捕らえられてしまいました。

正造は、国会議員を辞めて、天皇に直訴《じきそ》（直接訴える）することにしました。馬車で通りかかった天皇に手紙を直接渡そうと、天皇の行列に向かって飛び出しました。しかし、転んで警察に取り押さえられてしまいました。運が悪ければ、危険人物として殺されても仕方のない行動です。正造は、死ぬ覚悟で直訴しようとしたのです。

正造の行動で、世間の足尾銅山への関心は、ようやく高まりました。しかし、正造は、公害問題が解決する前に、七十三歳でこの世を去ってしまいました。

道徳授業に生かす ポイント

残念なことに、友だちの顔色をうかがって、自分の考えを主張することを恐れる子が増えています。協調性が高いと言えば聞こえはいいのですが、目立つことや人と異なることを極端に恐れている風潮が、最近の子どもたちの中に強く見られるように思えて仕方ありません。

学校で、「いじめ」が問題になることがあります。知っていても見て見ぬふりをする人もいます。しかし、いじめと戦わなければ、いつ自分がいじめられるかと不安な気持ちで過ごし続けなくてはいけません。

日本の国がすべての人にとって、優しく安心して暮らせる国になることを願う気持ちから、政府からにらまれても闘った田中正造の生き方を学ばせることで、「正しいことを正しい」と言うことの必要性と、自分に恥じないことの大切さを考えさせることができます。

すべての子どもが楽しく、そして、優しさを育みながら成長していくために、たとえ友だちと意見が異なっても、勇気を出して主張することができるような学級づくりを行っていく必要があります。

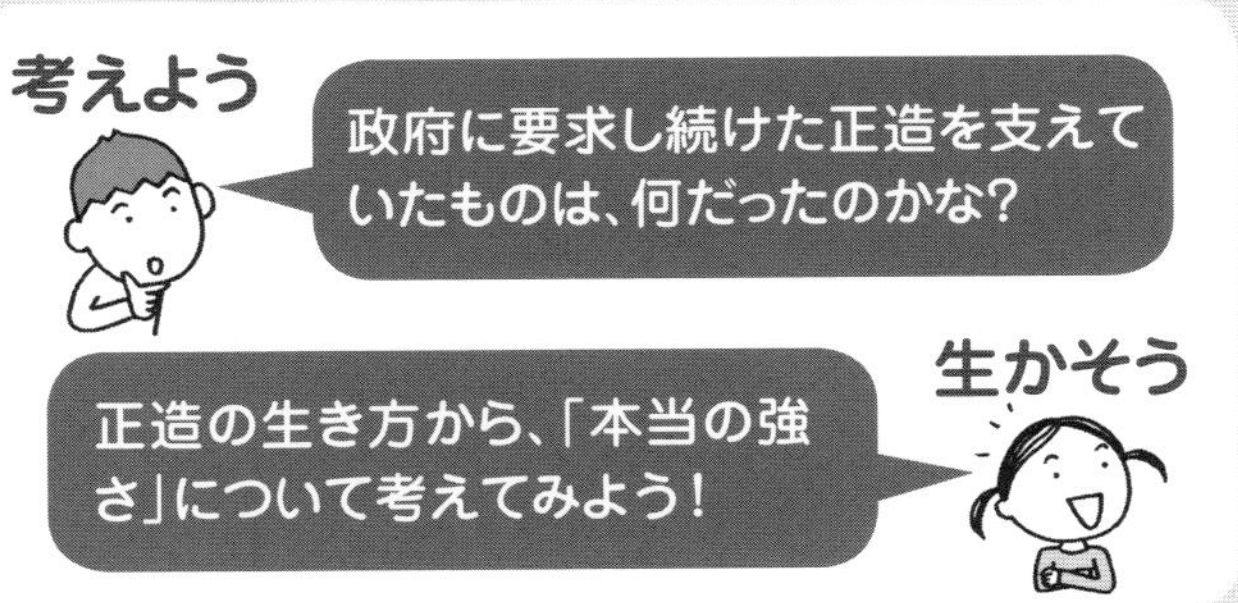
考えよう
政府に要求し続けた正造を支えていたものは、何だったのかな？
生かそう
正造の生き方から、「本当の強さ」について考えてみよう！

宮《み》沢《やざわ》賢《けん》治《じ》

「世界全体が幸福にならないうちは、個人の幸福はあり得ない。」

——故郷と自然を愛した童話作家

一八九六年八月二七日～一九三三年九月二一日

岩手県の花巻は、冷害や凶作が多く、貧しい農家の多い地方でした。宮沢賢治は大金持ちの家の長男として、一八九六年（明治二九年）、この地方に生まれました。ある時は、戦争で父親を亡くした友だちを思って泣き、ある時は、一緒に遊んでいて怪我をした友だちの痛みを思って泣く……。感謝の気持ちを大切にしていた父親と母親の影響で、賢治はとても賢く、人を思いやる気持ちの強い子どもでした。そして、人が嫌がるようなことでも進んで引き受ける力をもった子でした。

中学生の頃から、賢治は日記代わりに短歌を書くようになりました。ランプの光や拾った石、山や夜空の星々など、生活の中にある何気ない物や風景を見て感動する豊かな心が賢治の中に育っていました。

中学校を卒業する頃になると、家の質屋を継ぎたくなかった賢治は、とても悩みました。進路に悩んでいる息子を見て、父親は、賢治が高校に進学することを許してくれました。盛岡高等農林学校（現在の岩手大学農学部）に進学した賢治は、いつもトップの成績でした。大好きな自然を満喫し、仲間と雑誌をつくって、短歌や随筆を発表しました。

高等学校を卒業した賢治は、学校の研究助手をしましたが続かず、家の仕事を手伝うようになりました。そして、幼い頃から仏教に興味をもっていた賢治でしたが、この頃、『赤い鳥』という子ども向けの雑誌を目にしました。

「現実はうまくいかなくても、童話の中でなら理想をかなえることができる」

そう考えた賢治は、童話を書き始めました。仏教の教えを多くの人々に文章で伝えるために、賢治は童話文学の道を歩き始めたのです。

賢治の作品を一番理解してくれたのが、妹のトシでした。結核にかかっていたトシの枕元で、賢治は自作の童話を読みました。賢治は一日中家にいて、トシのために童話を書いたりトシの世話をしたりして過ごしました。しかし、賢治の思いもむなしく、トシは二十四歳という若さで死んでしまいます。トシを失った賢治の悲しみは深く、この時に書かれた詩は読む人の心を打つものばかりです。

トシが死んでからの賢治は、ますます詩や童話をつくることに熱中し、自分のお金で本を出版していきました。しかし、その頃の人々には、賢治の童話の素晴らしさは理解されませんでした。それまで働いていた学校の教師を辞め、自分で畑を耕しながら詩や童話を書き続けました。農民を相手に、農業の科学知識や芸術の素晴らしさを教える農民学校をつくろうとしました。

ところが、厳しい暮らしがたたって、賢治はトシと同じ結核にかかってしまいました。仏教を深く信仰していた賢治は、病気だというのに滋養のある肉や魚を食べるのを拒みました。日に日に弱っていく身体で、農民の相談にのったり、童話や詩を書いたりして過ごしました。有名な『雨ニモマケズ』は、この頃つくられました。

一九三三年、宮沢賢治は三十七歳という若さで命を終えました。

道徳授業に生かす ポイント

子どもに、「一番ほしいものは何?」「何があれば、幸せになれると思う?」と問うと、もっとも多い答えが「お金」です。

どんなにお金持ちでも、物に不自由しなくても、果たしてそれが「豊かさ」「幸せ」と言えるでしょうか。今の子どもには、本当の「豊かさ」「幸せ」について真剣に考えさせる必要があります。

「本当の幸せ」とは何か。『銀河鉄道の夜』『風の又三郎』などの有名な童話の中で、宮沢賢治は語りかけています。「幸せ」や「豊かさ」とは、じつは、自分の心がつくり出すものだということを、宮沢賢治の人生から学ばせることができます。

人の痛みを感じ、喜びを分かち合い、人のために何かをすることが幸せを運んでくるということを考えさせなくてはなりません。

考えよう
賢治の優しさは、どんなところに表れているだろうか?
生かそう
身の周りにある「美しさ」を感じた経験を出し合おう!

杉《すぎ》原《はら》千《ち》畝《うね》

「私はついに、人道、博愛精神第一という結論を得た。」

――大勢の人の命を守った外交官

一九〇〇年一月一日～一九八六年七月三一日

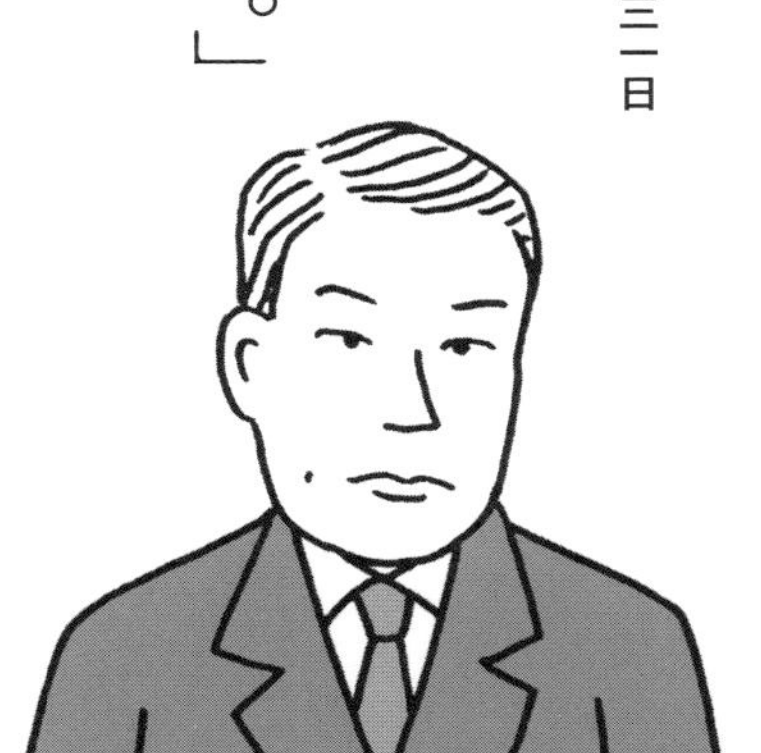

杉原千畝は、一九〇〇年（明治三三年）に岐阜県で生まれました。父は、千畝を医者にしたいと考えましたが、千畝は外国語を学ぶ道に進んで、二十四歳の時、外務省に入って外交官になりました。千畝が外交官として活躍していた今から八十年ほど前、日本はヨーロッパやアジアが戦場になった大きな戦争（第二次世界大戦）に参加しました。日本は、ドイツやイタリアと同盟を結び、イギリスやアメリカなど多くの国々と戦っていました。

日本の味方だったドイツのヒトラーは、ユダヤの人々を何万人も殺すという残虐な行いをしていました。日本はドイツと味方同士だったので、ドイツの力が及んでいる国に大使館や領事館を置くことができました。そこで、ユダヤの人々は、日本の大使館や領事館の許可をもらって日本に渡り、日本からドイツの影響を受けない安全な国に逃げようとしました。

しかし、ユダヤの人々に日本行きの許可を出すことは、ユダヤの人々を逃がすことになります。これは、味方の国であるドイツとの関係を悪くすることになるため、日本はそう簡単に許可を出すわけにはいきませんでした。そこで日本政府は、表向きはユダヤの人々も他の国の人々と同じように許可を出すようにしておいて、実際は許可を出さないようなきまりをつくったのです。

千畝は、そのような状況だった頃、リトアニアという国の日本領事館で働いていました。一九四〇年になると、千畝のいる領事館には、毎日のように大勢のユダヤの人々が押し寄せてきました。

「私たちに、日本行きの許可をください。そうでなければ殺されてしまいます」

大勢のユダヤ人が、必死に千畝に頼みました。

「私には、せいぜい五人か六人くらいに許可を出すことができるだけです」

千畝の判断だけでは、何千人ものユダヤ人に許可を出すことはできなかったのです。そこで、千畝は日本政府に何度も何度も許可を出すように頼みました。しかし、

「ユダヤ人にはビザを発行しないように」

日本からは、同じ答えが返ってきました。千畝は、悩みました。

「許可を出せば、私は日本から罰せられるだろう。しかし、許可を出さなければ、人として間違った行いをしたことに一生苦しむだろう」

千畝は、日本政府の命令に逆らってでも、ユダヤの人々の命を救う道を選んだのでした。こうして大勢の命が、千畝によって救われました。

千畝の出したユダヤの人々への許可は「命のビザ」と呼ばれていますが、千畝に救われた命の数は、六千人とも八千人とも言われています。

道徳授業に生かすポイント

何が正しいことで、どうすることが正しい行いであるか、低学年の子でも理解しています。「人の命を救う」という行いが、正しく当たり前のことであることは、子どもでなくても分かっています。

しかし、政府の命令に逆らい、自分の立場が危うくなったとしたら、どうでしょう。子どもに問いかけながら、杉原千畝について学ばせることで、子どもに自分の心の弱さに気付かせ、強く生きる勇気について考えさせることができます。

人は自分が大切です。千畝のように、自分の立場が危なくなっても、人のために行動することができる強さは、誰にでもあるわけではありません。千畝の行いが、日本だけではなく世界の人々から称えられているのは、「当たり前」のことをした千畝の勇気にあります。

「当たり前」のことをすることが、じつは一番難しく、もっとも尊いことであるということを子どもたちに伝え、実行させていく指導を行うことが大切です。

考えよう

罰せられる危険を冒して、なぜ、千畝はビザを出し続けたのだろうか?

生かそう

「正義」とはどういうことなのか、考えを出し合おう!

沢《さわ》田《だ》美《み》喜《き》

「他に喜びをあたえることにより、私が大きな喜びを受けている。」

——孤児たちに愛情をそそいだ母

一九〇一年九月一九日〜一九八〇年五月一二日

沢田美喜は、一九〇一年（明治三四年）に東京で生まれました。美喜の祖父は三菱財閥をつくった岩崎弥《や》太郎《たろう》という人で、美喜はたいへんお金持ちの家の子として生まれ、不自由なくすくすくと成長しました。

二十一歳の時、外交官と結婚したことで、南米やアジア、ヨーロッパや北米のさまざまな国で生活することになりました。幼い頃から豊かな暮らしをし、結婚して海外で生活するという恵まれた人生を送ってきた美喜でした。

夫の転任によって、イギリスで生活することになった美喜は、イギリスの人々と付き合ううちに、お金では買うことのできない幸せを求めるようになっていきました。そんな時、美喜は、ロンドンの孤児院（両親と離ればなれになった子どもたちを引き取る施設）を目にしました。孤児院では、子どもたちが明るく暮らしていて、しっかり自立していくという話を聞いて驚きました。そして、『『いらない』と言われる子を、引っぱりだこになるような人間に育てる」

孤児院の園長の言葉は、美喜の心に突き刺さりました。

「私も、いつか必ず日本にこのような明るいホーム（孤児院）をつくろう」

美喜は、身寄りのない子どもたちを社会に役立つ人間に育てることが、自分の幸せになると考えるようになりました。イギリスでの、この経験は、美喜の人生を変える大きな出来事でした。

その後、美喜が帰国して十年ほどの間、日本には暗い戦争の時代が続きました。戦争が終わって少したった頃のこと、美喜は衝撃的な出来事に遭遇します。混雑した列車に乗っている時、美喜の手元に、網棚から包みが落ちてきました。たまたまそこにやって来た警官に言われて包みを開けると、中には日米混血の赤ちゃんの死体が入っていました。

「日本中の不幸な子どもたちのために、母親になってやらなくては……」

美喜は、「孤児院をつくる」とイギリスで誓ったことを思い出しました。

一九四八年、美喜は、アメリカ人と日本人との間に生まれ、捨てられてしまった子どもたちのための孤児院「エリザベス・サンダース・ホーム」をつくりました。最初は、美喜の活動に家族は反対しました。世間の人々から、冷たい視線を浴びることもありました。しかし、美喜は、子どもたちが人々から愛される人間に成長するように、混血孤児に対する世間の差別と闘うことを誓い、力を尽くし続けました。そうした努力により、美喜の活動は、家族や世間の人々に認められていきました。

一九八〇年、七十八歳で亡くなるまで、美喜は両親のいない子どもたちの幸せを願い、ひたすら活動を続けました。戦後に生まれた日米の混血児は約五千人。そのうち、美喜のホームで育った子どもは約二千人。美喜が仲介をして海外に養子として引き取られた子は約五百人と言われています。

道徳授業に生かすポイント

わがままで自己中心の子が目立つようになりました。しかし、自分の幸せだけを追い求めていると、周囲の人を思いやる気持ちを忘れがちになる危険があります。人を大切にしない者が、人から大切にしてもらえることはありえないと、子どもに教える必要があります。

自分に良くしてくれる友だちを大切にしたいと思った経験は、どの子にもあるはずです。このような子どもの経験をもとにしながら、「人に幸せをあたえることによって、じつは自分が幸せをあたえてもらっている」という、沢田美喜の言葉から、利他主義の大切さについて考えさせることができるでしょう。

沢田美喜の生き方から、友だちや周りの人を大切にする気持ちが、結果として自分を大切にし、自分を幸せにしてくれるということを、子どもに気付かせるきっかけにできるはずです。そしてそれを、日常の生活の中で、優しさについて考え、人に優しい行いをするきっかけにしていきましょう。

考えよう

なぜ、世間の人は、孤児院を差別したのだろうか?

生かそう

「お金で買うことのできない幸せ」について、考えてみよう！

金子《かねこ》みすゞ《みすず》

「みんなちがって、みんないい。」

――人々に感動をあたえる詩人

一九〇三年四月一一日〜一九三〇年三月一〇日

みなさんは、「わたしと小鳥とすずと」という詩を知っていますね。この詩をつくったのが金子みすゞです。金子みすゞは、一九〇三年（明治三六年）、山口県の先崎（長門市）で生まれました。本名をテルと言います。テルの父は、知人に頼まれて、下関の本屋さんの支店長として大陸に渡りましたが、幼いテルたちを残して若くして亡くなってしまいました。

父親を亡くした金子家は、当時、先崎で一軒しかなかった本屋をして暮らすことになりました。テルの弟は、他の家に養子に引き取られ、祖母と母親、兄とテルの四人暮らしが始まりました。テルの母親は、物静かで優しい声の賢い人でした。そのせいで、テルも言葉づかいが丁寧で、近所の子どもたちの手本にされるほどでした。

小学校に入学してからも優秀で、いつもトップの成績でした。小学校時代のテルは、野の花を見て心をひかれるような、優しく繊細な心の持ち主でした。

女学校に通っていた頃、学芸会用のシナリオを、あっという間に、しかもとてもおもしろいものをつくってしまうほどの才能を見せていました。テルは少女時代を豊かな自然に囲まれて過ごしました。後に金子みすゞの作品に込められている、「人間も自然の一部である」という思いは、少女時代に育まれたものでした。

二十歳になったテルは、下関の本屋で働くことになり、当時、日本中に広がりつつあった「童謡（子どものための詩）」と出会いました。そして、「みすゞ」のペンネームで、心に浮かんだ詩を雑誌に投稿しました。みすゞの作品は、雑誌に掲載され、当時の有名な先生に認められました。ところが、先生がフランスに行くことになり、みすゞの詩は雑誌から遠ざかっていきました。それでも、みすゞは、詩を書くことをやめることはありませんでした。

二十三歳でみすゞは結婚し、子どもが生まれました。夫は、みすゞに詩を書くことや、詩の仲間との連絡を禁じるようになりました。この頃から、みすゞは体調をくずしてしまいました。体調の悪い中でも、子どもの成長を願い、たくさん話しかけ、絵本を読んでやったり、遊んでやったりしました。こうした愛情に満ちた母親としての思いは、みすゞの詩の中に散りばめられています。

一九三〇年、みすゞは、夫と離婚する決心をしました。みすゞの願いはただ一つ、幼い我が子を引き取ることでした。しかし、当時は、親権（子どもを教育して守る権利）が父親にしか認められていない時代です。みすゞは、我が子と引き裂かれることになりました。もっとも愛する我が子と別れることに耐えられなかったのでしょう。みすゞは、二十六歳という若さで短い生涯を閉じました。

死後、すっかり忘れ去られてしまったみすゞの作品ですが、矢崎節夫《やざきせつお》という児童文学作家によって次々と発見され、一九八四年、ついに『金子みすゞ全集』として世に出ることになりました。みすゞの詩を読んだ人の感動は、次々と広がっていったのです。

道徳授業に生かす　ポイント

金子みすゞの詩が、広く世間に知られるようになったのは、今から三十年ほど前のことです。もしも、矢崎節夫という感性豊かな人の目に触れなければ、今も人目に触れることなく、眠り続けていたでしょう。

みすゞの代表作品「わたしと小鳥とすずと」は、小学校の教科書にも取り上げられていますが、みすゞのつくった多くの詩は、老若男女問わず多くの人々に感動をあたえています。金子みすゞという人物を知ることで、その作品を一層深く読むことができるのではないでしょうか。

みすゞの詩には、生き物に対する慈しみの心があふれているものが多くあります。また、宇宙や自然に対して畏敬の念を抱くことの大切さを深く考えさせられるものも多くあります。みすゞの人生と、みすゞの詩から、子どもたちに、自然に感動し、命を慈しみ尊敬する心を育てたいものです。

考えよう
みすゞにとって、我が子はどんな存在だったのだろうか?
生かそう
「生かされている」という言葉の意味を、よく考えてみよう!

Column

5

偉人の名言を教室に

人生の達人である偉人たちは、読む人、聞く人の心に染み入る深い言葉をたくさん残してくれていますす。偉人たちの言葉は、彼、彼女たちが血のにじむような経験をもとにして絞り出した、まさに「魂の言葉」と言えるでしょう。

言葉は、「何を言ったか」ではなく、「誰が言ったか」によって、その重みが異なります。ひと月に一冊も本を読まない人に、「読書は大切」と言われても、説得力を感じません。自分に厳しく、信じた道を前向きに駆け抜けてきた偉人たちから発せられた言葉だからこそ、それらの言葉は「名言」「金言」として、人々の心に深く突き刺さるのです。道徳科で偉人を取り上げる時は、その人物が残してくれた「名言」を、ぜひとも子どもたちに伝えてほしいと思います。

そういった思いから、私は、本書に偉人たちの名言を書き添えることにしたのですが、御自身の教室で、自分が尊敬する人の言葉を、ぜひ子どもたちに伝えてあげてください。道徳科の授業では取り上げることができなくても、名言の簡単な解説や、その人物の功績の概要、尊敬できる点などを、朝の会や帰りの会で伝えるだけでも十分です。また、子どもに紹介した名言を教室に掲示しておけば、自然に子どもたちの中に入っていくことになります。

道徳科は道徳教育の要として重要ですが、道徳教育は教育活動全般を通して行われなくてはならないのですから。

おわりに

私は、子どもの頃、伝記物語が大好きでした。自分で本を買ったり、図書室で借りたりしながら、野口英世や徳川家康をはじめとして数々の偉人たちに夢中になりました。自分の信じた道をひたすら進み、困難を克服しながら夢を実現していく偉人たちの姿に、爽快さを感じ、大きな感銘を受けていたことを覚えています。

現在も、書店にはたくさんの伝記物が並んでいます。私が子どもだった頃と同じように、現代の子どもたちも、きっと偉人の伝記を読んで、胸をときめかせていることでしょう。担任だった頃は、私が、朝の会や帰りの会で偉人のことを話してあげると、子どもたちは、目を輝かせて聞き入ってくれました。

「子どもたちは、偉人の生き方に興味をもっている。人生の指針を求めている」

今の子どもたちも、かつて大人たちがそうであったように、偉人の生き方から何かを学ぼうとする気持ちは同じなのだと確信しました。子どもたちは、偉人の生き方から、夢や幸せ、努力や強さといった、充実した生き方をするために必要なことを感じ取り、学び取っているに違いありません。

子どもたちが生活する教室では、日々さまざまな出来事が起こります。ともすれば、日常繰り返し起きる目先の出来事に対応することに追われ、子どもたちの将来に必要な力や考え方について教えたり語ったりすることがおろそかになりがちです。しかし、いじめ問題や少年非行の低年齢化など、子どもたちが多様な課題を抱えている現在こそ、子どもたちに夢や希望をもつことの大切さを伝えていかなくてはならないと、私は考えてきました。

そのような折、道徳科が実施されるのを機に、『児童生徒に聞かせたい日本の偉人伝3分話』を、道徳科で活用できるように リメイクしてはどうか」という話をいただきました。私にとって思い入れの深い著書が、十年の時を経て道徳科の資料として活用される機会を得たことは、とても感慨深く、学陽書房の皆様には、感謝の気持ちでいっぱいです。この場をお借りしてお礼申し上げます。

本書が、多くの教室で道徳科授業のお役に立つことができれば、これほど光栄なことはありません。

中嶋郁雄

＊本書は、『児童生徒に聞かせたい日本の偉人伝3分話』（学陽書房、二〇〇七年刊）を改題し、再編集・加筆したものです。

●参考文献

「おもしろくてやくにたつ子どもの伝記」（全20巻）、ポプラ社、1998～1999年
講談社編『決定版　心をそだてる はじめての伝記101人』講談社、2001年
菊地家達『歴史人物事典（社会科事典）』国土社、1994年
「火の鳥伝記文庫」シリーズ、講談社
筑波常治「堂々日本人物史　戦国・幕末編」（全20巻）、国土社、1999年
「伝記　人間にまなぼう」シリーズ、岩崎書店
古川薫「特選　時代を動かした人々〈維新篇〉」（全6巻）、小峰書店、2000～2007年
手塚治虫『ぼくのマンガ人生』（岩波新書）、岩波書店、1997年
手塚治虫『ぼくはマンガ家――手塚治虫自伝〈1〉』大和書房、1979年
宮沢清六『兄のトランク』（ちくま文庫）、筑摩書房、1991年
和田傳『二宮金次郎（この人を見よ②）』童話屋、2003年
水上勉『一休』（中公文庫）、中央公論社、1997年
水上勉・佐々木守・小島剛夕『一休伝（上・中・下）』（ホーム社漫画文庫）、ホーム社、2005年
司馬遼太郎『国盗り物語（1）～（4）』（新潮文庫）、新潮社、1971年
山と渓谷社編『植村直己冒険の軌跡――どんぐり地球を駆ける』山と渓谷社、1978年
杉原幸子・杉原弘樹『杉原千畝物語――命のビザをありがとう』（フォア文庫）、金の星社、2003年
杉原幸子『新版　六千人の命のビザ』大正出版、1994年
鈴木和幸『翔びつづける紙飛行機――特技監督　円谷英二伝』歴史春秋社、1994年
青柳恵介『風の男　白洲次郎』（新潮文庫）、新潮社、2000年
馬場啓一『白洲次郎の生き方――男の品格を学ぶ』講談社、1999年
小谷野敦『間宮林蔵〈隠密説〉の虚実』（江戸東京ライブラリー）、教育出版、1998年
沢田美喜『混血児の母――エリザベス・サンダース・ホーム』毎日新聞社、1953年
沢田美喜『黒い肌と白い心――サンダース・ホームへの道』日本経済新聞社、1963年
松下幸之助『道をひらく』ＰＨＰ研究所、1968年
本田宗一郎『やりたいことをやれ』ＰＨＰ研究所、2005年
水木しげる『猫楠――南方熊楠の生涯』(角川文庫ソフィア)、角川書店、1996年
神坂次郎『縛られた巨人――南方熊楠の生涯』（新潮文庫）、新潮社、1991年
堀川弘通『評伝　黒澤 明』毎日新聞社、2000年
黒澤和子『回想　黒澤 明』（中公新書）、中央公論新社、2004年
矢崎節夫『童謡詩人金子みすゞの生涯』JULA出版局、1993年
矢崎節夫『没後80年　金子みすゞ――みんなちがって、みんないい。』JULA出版局、2010年

著者紹介

中嶋郁雄（なかしま いくお）

1965年、鳥取県生まれ。

1989年、奈良教育大学を卒業後、奈良県内の小学校で教壇に立つ。

新任の頃より「子どもが安心して活動することのできる学級づくり」を目指し、教科指導や学級経営、生活指導の研究に取り組んでいる。

子どもを伸ばすために「叱る・ほめる」などの関わり方を重視することが必要との主張のもとに、「中嶋郁雄の『叱り方』&『学校法律』研究会」を立ち上げて活動を進めている。

著書に『高学年児童、うまい教師はこう叱る！』『新任３年目までに身につけたい「超」教師術！』『困った小学１年生、うまい教師の指導術』『まさかの学級崩壊⁉「ヤバいクラス」立て直し術！』『信頼される教師の叱り方 フツウの教師・デキる教師・凄ワザな教師』（以上、学陽書房）、『教師の道標――名言・格言から学ぶ教室指導』（さくら社）、『叱って伸ばせるリーダーの心得56』（ダイヤモンド社）、『「しなやかに強い子」を育てる――自律心を芽生えさせる教師の心得』（金子書房）、『クラス集団にビシッと響く！「叱り方」の技術』（明治図書出版）など多数ある。

- 「中嶋郁雄の『叱り方』&『学校法律』研究会」のブログ
  http://shikarikata.blog.fc2.com/

道徳授業でそのまま使える！

日本の偉人伝３分話

2018年4月24日　初版発行

著者――――――――中嶋郁雄《なかしまいくお》
装幀――――――――スタジオダンク
本文デザイン・DTP制作――スタジオトラミーケ
イラスト―――――――坂木浩子
発行者―――――――佐久間重嘉
発行所―――――――株式会社 学陽書房
東京都千代田区飯田橋1-9-3　〒102-0072
営業部　TEL03-3261-1111　FAX03-5211-3300
編集部　TEL03-3261-1112　FAX03-5211-3301
振　替　00170-4-84240
http://www.gakuyo.co.jp/
印刷――――――――加藤文明社
製本――――――――東京美術紙工

ISBN978-4-313-65357-3　C0037

乱丁・落丁本は、送料小社負担にてお取り替えいたします。

定価はカバーに表示してあります。

学陽書房の好評既刊！

その場面、うまい教師はこう叱る！

中嶋郁雄 著　◎ A5 判 128 頁　定価 = 本体 1700 円 + 税

とっさのこの一言が子どもを変える！
困った場面をうまく叱りたい教師必携の一冊。

そのクレーム、うまい教師はこう返す！

中嶋郁雄 著　◎ A5 判 128 頁　定価 = 本体 1700 円 + 税

保護者から信頼される教師になるための、
知っておきたい保護者対応の基本がわかる本！

仕事がパッと片づく！　うまい教師の時間術

中嶋郁雄 著　◎ A5 判 128 頁　定価 = 本体 1700 円 + 税

年間のダンドリから毎日の仕事のこなし方まで、
忙しい教師のための人生を変える時間術！

そのクラス、うまい教師はこう動かす！

中嶋郁雄 著　◎ A5 判 124 頁　定価 = 本体 1700 円 + 税

クラスをリードし、子ども集団をうまく動かす力が身につく本。
すぐに実践できる方法が満載！

困った場面、ズバリ解決！　うまい教師の対応術

中嶋郁雄 著　◎ A5 判 144 頁　定価 = 本体 1700 円 + 税

授業、生活指導、休み時間……どんな教師も一度ならずと直面する
“問題”をスッキリ解消！

高学年児童、うまい教師はこう叱る！

中嶋郁雄 著　◎ A5 判 176 頁　定価 = 本体 1800 円 + 税

叱ることが苦手な教師でも、バシッと伝わる効果的な指導術、
すぐに生かせるワザが満載！

困った小学1年生、うまい教師の指導術

中嶋郁雄 著　◎ A5 判 168 頁　定価＝本体 1900 円＋税

「小1プロブレム」対策は、これでバッチリ！ 子どもを落ち着かせ、
成長を引き出すための指導法を具体的実践例とともに紹介。